逆向思维做销售

王科◎著

地震出版社
Seismological Press

图书在版编目（CIP）数据

逆向思维做销售 / 王科著 . -- 北京 : 地震出版社，2020.8（2022.3 重印）

ISBN 978-7-5028-5174-3

Ⅰ . ①逆… Ⅱ . ①王… Ⅲ . ①销售—商业心理学 Ⅳ . ① F713.55

中国版本图书馆 CIP 数据核字（2020）第 001620 号

地震版　XM5176/F（5893）

逆向思维做销售

王科　著

责任编辑：李肖寅

责任校对：王亚明

出版发行：地震出版社

北京市海淀区民族大学南路 9 号　　邮编：100081

发行部：68423031　68467993　　传真：88421706

门市部：68467991　　传真：68467991

总编室：68462709　68423029　　传真：68455221

证券图书事业部：68426052　68470332

http：//seismologicalpress. com

E-mail：zqbj68426052@ 163. com

经销：全国各地新华书店

印刷：固安县保利达印务有限公司

版（印）次：2020 年 8 月第一版　2022 年 3 月第二次印刷

开本：710 × 960　1/16

字数：210 千字

印张：15.5

书号：ISBN 978-7-5028-5174-3

定价：42.00 元

序言

在大部分人的潜意识中，买与卖之间其实是有着微妙的对立关系的。作为买方，客户总会担心在购买过程中被销售人员“坑骗”，以致吃大亏；作为卖方，销售人员总是会想尽办法促成交易，以便能让客户从口袋中把钱掏出来。

在日常生活中，人们几乎每天都要和销售人员打交道，大到金额巨大的公司订单，小到消费一瓶水或一个打火机。事实上，在交易行为中，无论是买方还是卖方，都是为了获得自己需要的东西，这其中并不存在对立关系。买方用金钱换取自己需要的商品，卖方则通过出卖商品获得利益，双方都能从买卖行为中获益，这应当是一种双赢的关系。

那么，为什么在现实生活中，买与卖之间会出现对立呢?

其实，归根结底，还是观念与认知上的问题。买方总想占便宜，卖方则一心想着获取更大的利益，甚至不惜损人利己，久而久之，买卖双方之间的信任也就不复存在了。

要知道，健康的买卖关系必然是能长期存续的。任何一个成功的商人，都不会去追求“一锤子买卖”。作为站在交易最前线的销售人员，更应该清楚地认识到这一点，并树立这样一种观念：销售不是卖，而是帮客户买。

只有明确地认识到这一点，销售人员才不会把自己放到客户的对立面，而是会站到客户的身边，成为他们的帮手。试想一下，一个是对手，一个是朋友，你更愿意采纳谁的意见呢？

一名优秀的销售人员，无论何时都应该牢记：销售人员存在的唯一理由就是为客户的购买行为服务，是客户的朋友、帮手、参谋。

而要实现这一点，销售人员首先要做的，就是让客户信任你。任何关系的建立都是以信任为前提的，只有先取得客户的信任，你的意见和建议才会有被客户采纳的可能，你也才能真正进入客户的“阵营”，从而被客户认可。

其次，要想帮助客户完成购买，销售人员需要做的是帮助客户发现自己的需求。客户购买商品，自然是因为需要商品的使用价值，因此，只有商品的使用价值能够满足客户的需求，客户才会对该商品满意，认为物超所值。所以，要想让客户对交易满意，销售人员必须了解客户的需求，从而帮助客户购买到符合其需求的商品。

人们在做出购买行为时，总是会不自觉地为自己寻找一些理由，以坚定自己完成购买行为的决心。因此，如果销售人员希望尽快完成交易，那么一定要懂得如何去帮客户找到购买产品的理由，促使客户下决心完成交易。

对于销售人员来说，真正的成功不是完成一笔交易，而是将自己所接待的客户发展成长期客户。要做到这一点，销售人员就得保证在交易行为中让客户觉得自己很值得信赖，而这显然也是需要技巧的。

销售人员在帮助客户购买时，最忌讳的事情就是越俎代庖，代替客户做决定。在任何一桩交易中，销售人员都应当把客户放在主导位置，要知道，帮客户买不等于替客户做决定。

成功促成一桩愉快的交易其实并不难，你只要懂得如何帮客户买到最需要的商品，以及如何帮客户消除购买时的心理障碍就行了。帮客户买并不是在损人利己，健康的交易本就应该是双赢的买卖。摆正位置，站对立场，销售人员就能无往不利。

目 录

第五章 怎样销售客户才会觉得你靠谱

第六章 帮客户买不等于代替客户做决定

第七章 怎样帮客户买到最需要的产品

第一章

销售存在的唯一理由是为客户购买服务

销售这个职业之所以会存在，就是因为客户在购买产品的时候往往对产品不够了解。一名销售人员是否称职，不应该以赚了多少钱、销售了多少产品，而应该以客户的满意度为评价标准。如果客户不需要购买服务，那么销售就没有存在的意义了。

为客户购买服务是销售存在的真正理由

销售行为，是商业活动中最常见的行为。人们最早对商业的理解就是买卖，卖是其中相当重要的组成部分。虽然现代社会中的商业形式越来越多，但最终也脱离不了买卖，这是商业行为中最基本的要素。

作为一名销售人员，顾名思义，就是要完成销售行为，将产品销售给客户。客户购买产品的理由是多种多样的，有些时候是因为产品的质量，有些时候是因为产品的功能，还有些时候是因为产品的不可替代性。销售人员的销售行为，在很大程度上决定了销售是否能顺利完成。比如，销售人员如果能够给客户提供无微不至的服务，那便大大提高了产品的附加值。即便产品本身不那么让人放心，优质的服务也能够让客户打消顾虑，最终购买产品。由此可见，对于客户来说，他们在购买行为中看重的不只是产品本身，销售人员能够提供的服务也是非常重要的。

我们来看一名销售人员向客户推销产品的情境。

客户："我早就听说过你们的产品，都说很好用。但也有不少人表示，用起来很麻烦。万一我不会用怎么办？"

销售人员："您不用担心这个问题。和同类产品相比，我们的产品在使用上并不算麻烦。如果您购买了我们的产品，会有专门的技术人员来帮助您，告诉您如何使用。而且，即便您在使用过程中有什么不明白的地方，也可以打电话联系我，我来帮助您解决这些小麻烦。"

客户："我有一个朋友，之前就用过你们的产品，说一切都挺好，就是使用寿命偏短，容易坏。对于你们的产品，我还是有点不放心。”

销售人员：“这个问题您就更不用担心了，我们的产品质量在同类产品中是名列前茅的。我可以跟您保证，我们可以提供非常完善的售后‘三包’服务。如果产品出了质量问题，只要您一个电话，我马上按照‘三包’标准为您解决。”

客户：“你这么说的话，我就放心了。我应该去哪购买你们的产品呢？东西那么大，我也不方便搬运啊。”

销售人员：“购买我们的产品非常容易，只要您签下订单，我马上就能安排同事为您准备，肯定不会让您亲自来取的，明天我们就会送货上门。”

客户：“还是算了，有时间我自己到店里取吧。你们的工人毛手毛脚的，万一把东西碰坏了怎么办？我不放心。”

销售人员：“您就放心吧！我肯定全程帮您盯着，从上车到下车，磕碰造成的损失算我的。”

最后，客户爽快地签下了订单。

或许销售人员在开展销售工作的时候不会遇见上述所有的问题，但是遇见一两个总是难免的。这个时候，销售人员的作用就体现出来了。最简单的销售模式是，客户来到销售产品的地方购买产品，然后带回家使用。在这个过程中，客户是很难感受到什么服务的。而销售人员出售的就是自己的服务，让客户在购买产品的时候有不一样的感觉。

在上面的例子中，销售人员保证会教授客户产品的使用方法，帮客户解决售后问题和运输问题。保证客户只要购买产品，不仅能得到产品，还能享受无微不至的服务，这是销售人员价值的真正体现，是销售人员存在的真正意义。试想一下，如果销售人员并不能提供全程服务，只将产品销售给客户，那不就相当于一台移动的自助售货机吗？

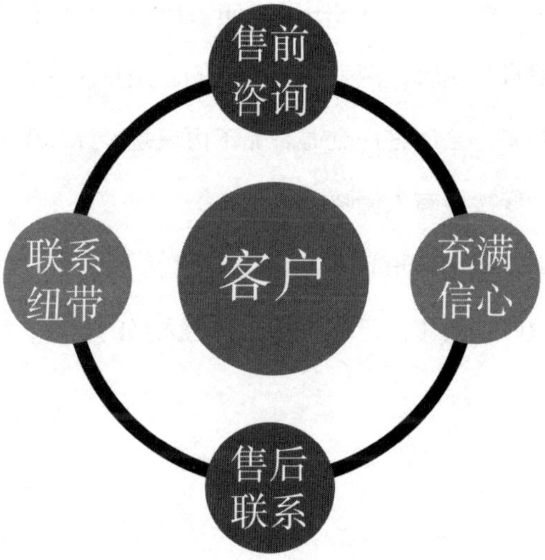

那么，销售人员究竟能够为客户提供哪些服务呢？

1. 良好的售前咨询。售前咨询是销售行为中非常重要的环节，销售人员需要在这个环节将产品推荐给客户，让客户明白为什么要购买这件产品，以及自己是否需要这件产品。如果缺少这种服务，客户找不到自己需要的东西，就不会产生需求，商家也就很难对自己的产品做全面的介绍。

2. 完善的售后联系。售后服务并不是销售人员应该负责的工作，售后人员会更加专业，能更快地解决问题。但是，一名好的销售人员完全可以为客户节省时间。客户的具体情况、产品的使用环境等，销售人员都比售后人员清楚得多。此外，售后人员一般比客户明白更多的专业知识，沟通起来会更专业，如果销售人员从中帮忙对接，那么售后人员就能够立即为客户解决问题。

3. 让客户对产品更有信心。除非客户对产品非常了解，否则总是会有不放心的地方。要想让客户对产品放心、有信心，销售人员提供专业服务是必不可少的。销售人员要对客户做出保证，要让客户知道如果产品出了问题应该找谁。如果客户购买了产品后联系不上销售人员，只能去找可能并不在本地的商家，那么客户对产品的信心就会大幅下降。

4. 销售人员是商家与客户的纽带。如果我们只将销售商品看作冰冷的交易，那么客户是很难与品牌、商家产生感情的。正是因为有了销售人员，商家的产品变得鲜活起来，会让客户觉得产品不再只是冷冰冰的产品。销售人员的存在，让销售行为变得更有人情味。

销售是产品流通中重要的一环。有了销售人员，客户才能获得更好的服务，商家也才能更好地销售自己的产品。销售人员的存在，就是为了帮助客户购买服务。

销售文化就是服务文化

一个企业如果有正确的销售文化，那么必定能够潜移默化地让所有员工规范自己的行为，让每个客户都得到一致的服务。一名销售人员如果能够形成正确的销售观念和销售习惯，那么必定能够将销售流程化，做到每次销售都让客户满意。

那么，销售文化是什么呢？是服务文化。我们可以做如下一些对比。

1. 服务文化要对客户的满意程度进行评估。客户是否对服务满意是非常重要的。有时候我们自以为提供的服务已经很好了，但是客户偏偏不满意，这不是客户的问题，而是我们的。只有为客户提供其满意的服务，才是真正的服务；为客户提供其不满意的服务，那么服务得再认真也很难产生好效果。

销售文化同样如此，我们提供给客户东西的首要目的就是让客户舒服，让客户满意。所以，我们必须要评估客户对我们的服务是否满意。如果客户不满意我们的服务，那么购买我们产品的概率就会很低。即便现在购买了我们的产品，也很难成为我们的回头客。

2. 服务文化要规范服务理念与服务行为。服务要以客户为中心，要一切为客户着想，但服务也不是毫无底线、毫无规范的。服务要有限度，如果不加以规范，那么可能就会出现过度服务的情况。这不仅会增加服务人员的负担，有时还会让客户觉得自己被骚扰了。只有规范服务的范围，建立健全合理的服务理念，才能够让客户感受到自己被服务了，而不是被骚扰了。

销售文化同样如此，我们要服务客户，要让客户感受到无微不至的关怀，要让客户感受到我们把一切麻烦都解决了，却不能让客户觉得我们无时无刻不在盯着他。只有规范好了服务行为，才不会让客户觉得销售人员是可以满足其一切要求的，不管要求是否合理，也才不会让客户觉得销售人员过多的服务对其造成了骚扰。

3. 做好服务文化，需要制订流程。流程是非常重要的，一件事情如果有了固定的流程，那么进行起来就会方便很多。新人可以利用服务流程查漏补缺，避免服务过程中出现问题，老手可以提高服务效率，缩短服务时间。

做好销售文化，同样需要有流程，不管是售前还是售后，不管是签单还是与客户拉近关系，都是有流程的。掌握了流程以后，不管面对什么样的客户，销售人员都能够快速上手，从而避免出现“狗咬刺猬，无处下嘴”的情况。

流程并不是用来限制销售人员的——流程是死的，人是活的，特殊情况自然要特殊处理，但是要注意，不可偏离流程太远。

4. 做好服务文化，需要对服务人员进行培训。做事要有一颗热心，但仅仅凭着一颗热心是不够的，还要有足够的业务能力。如果没有足够的业务能力，即便有满腔的热情，也难以避免好心办坏事的情况出现。只有不断强化业务能力，才能更好地服务客户，满足客户的需求。

做好销售文化同样如此。如果没有足够的业务能力，售前不能为客户答疑解惑，售后又不能起到客户与售后人员之间纽带的作用，那么即便销售人员有满腔热情，也帮不上客户什么忙。销售人员只有不断地精进业务能力，懂客户、懂服务、懂产品，才能更好地服务客户。

5. 服务文化需要塑造良好的氛围，让服务从看不见到看得见。服务本身是无形的，看不见、摸不着，如果我们不去宣传，如果我们不塑造一种良好的服务氛围，又有谁知道我们能够提供良好的服务呢？只有不断地宣传，营造良好的服务氛围，让服务从看不见到看得见，才能有越来越多的客户来享受我们的服务。

销售文化同样如此，客户能够看到的往往只有我们的产品，而对我们能够提供的服务一无所知。在这种情况下，销售人员需要将我们能够提供的服务传递给客户，让客户知道购买产品后得到的不仅是产品，还有一系列品质优良的服务。这些服务是产品的附加值，也是让客户心动的重要因素。

销售文化的特征与服务文化几乎一致，销售不仅要将产品推销给客户，还要让客户知道在产品之外我们能够提供什么。仅仅有产品的销售是单薄的，是不完整的。只有加上良好的服务，才能够保证销售链条的完整性。

如果你在购买产品之前需要查阅大量的资料去了解产品，如果你在购买产品的时候有大量的问题无人解决，如果你在购买产品之后需要花费大量的时间为解决售后问题自学，那么你对这件产品还会感兴趣吗？显然是不会的。

只有销售人员更好地服务了客户，才能保证产品能够顺利销售出去。因此，我们要以服务文化的特征为基准，建立良好的销售文化体系，保证在销售产品的时候能为客户提供最好的服务。当你做到这一切的时候，客户还会不动心吗？

销售，一切都是为了“以客户为中心”

销售的最终目的，是将产品从商家手中转移到客户手中。最终是谁来决定销售过程能否顺利完成呢？自然是客户。销售要服务客户，要让客户满意，这样客户才会做出购买产品的决定。所以，销售必须要以客户为中心。

以客户为中心不仅仅是一句口号，需要全面考虑，认真执行。口号喊得再响，没有实际行动，也是无法让客户满意的。有些销售人员可能不太明白究竟什么才叫以客户为中心。以客户为中心，不仅要提供好的产品，妥善、周到的服务，更要让服务流程带给客户舒服的感觉。如果做不到让客户满意，那么即便所有的服务都到位，产品质量优秀，也难以形成良好的销售口碑。

某鞋店以制作手工皮靴闻名，他们制作的皮靴采用的材料上乘，工匠手艺精湛。他们的皮靴不仅结实耐穿，造型也非常时尚、美观。但是，这家店虽然小有名气，却很少有回头客。店铺的老板对这件事情非常疑惑，于是，他高薪聘请了一名销售人员来解决这个问题。

销售人员经过几天的观察，对老板说：“虽然您的产品质量上乘，但是在销售产品的过程中没有以客户为中心。所以，大多数客户闻名购买过一次，就不会再来了。”

老板非常纳闷，说：“我聘请了最好的工匠，用了最好的材料，提供给客户最好的产品，怎么能说没有以客户为中心呢？”

销售人员回答道：“有客户抱怨等待的时间过长，这就是没有以客户为中心的一个例子。”

老板疑惑地说：“我们的鞋子都是为客户量身定制的，材料要在为客户测量尺寸以后购买，再加上精心制作的时间，我觉得已经很快了。”

销售人员问："那常用的几种材料为什么不能提前准备好呢？"

老板说："这……"

销售人员见老板回答不了，继续抛出了下一个问题："我们的售后服务是怎样的呢？"

听到销售人员的这个问题后，老板自豪地说："当然是最好的。我们会选择原来的材质，用最好的工艺进行还原，让客户根本发现不了我们对靴子进行过修补。"

销售人员又问："那么，修补一双靴子要多久？"

老板支支吾吾地说："最快也要半个月时间吧。"

销售人员又问："您觉得客户愿意等那么久吗？"

就在老板要开口回话的时候，销售人员接着说："只有小部分客户可以接受长达半个月的维修时间，大部分客户是不接受的。正因如此，我们的客户才会如此少。"

老板知道问题出在哪里就好办了。后来，该店优化了准备的流程，提高了效率，客户很快就多了起来。

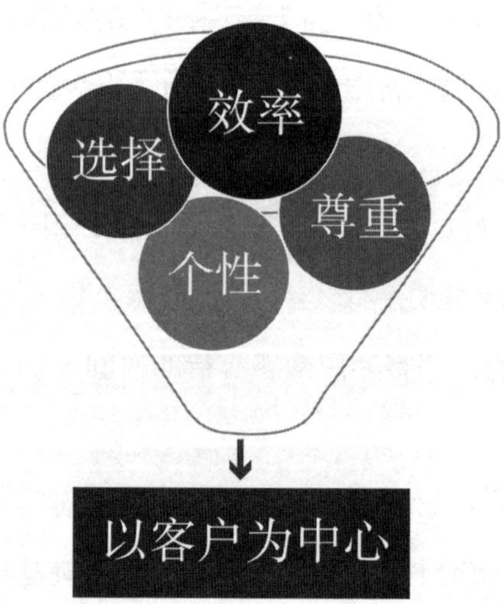

为客户提供产品和服务，是每名销售人员都要做的事情。但是，只有以客户为中心才能真正地将这件事情做好。为客户提供服务时，一定要注意几个误区，一旦陷入误区，即使服务得再周到，也没有以客户为中心。

1. 有些时候，对客户来说，效率远比其他事情重要。很多销售人员要求自己面面俱到，将所有事情做到最细，做到最好，这没有错。但是，务必要在追求完美与提高效率之间取得一个平衡。刻意追求完美往往会降低效率，浪费客户的时间。一旦走进这个误区，让客户觉得等待时间太长，即便将所有的细节都做到完美，也是得不偿失的。

2. 你心中所想，未必就是客户心中所想。很多销售人员会想当然地替客户做选择、做决定，凭借自己的经验和专业知识，选择他们认为最适合客户的产品，推荐给客户。这其实也是一个误区。即便你是个经验丰富的销售人员，即便你掌握了大量的专业知识，你也始终不如客户了解自己。要想让客户满意，以客户为中心，那就必须让客户有更多的选择空间，让客户有更多的挑选余地。或许你觉得不适合客户的产品，才是最适合客户的。

3. 你眼前的客户，未必就是产品的最终使用者。很多客户购买产品不一定是自己使用，或许是为他人购买，或许是放在公共空间使用。一旦销售人员先入为主地将客户定义为某一种类型，然后以模式化的办法去接近、去推荐，最终往往适得其反。在这种情况下，说得越多，越天花乱坠，就可能错得越离谱，越让客户不满意。

4. 提供的服务应是客户想要的，而不应是你想给的。销售流程、服务项目虽有一定规范，但每个客户总会有自己与众不同的要求，就如同吃面时有些人不吃香菜，有些人不吃蒜。即便规范化的一碗面要放香菜，要放蒜，客户不要也不能放进来。

我们的服务同样如此。当客户需要我们陪同、讲解的时候，我们就要做到完美；当客户想要自己看看，不想听我们讲解的时候，那就闭上嘴巴。销售人员要学会察言观色，一旦客户露出不耐烦的神色，或者多次打断你的话，就不要继续讲下去了。

我们能给客户多少服务、怎样的服务固然重要，但更重要的是，客户想要怎样的服务。一名优秀的销售人员应该能够把握客户的需求，应该明白提供怎样的服务给客户，而不应照本宣科，彻底按照服务的规范流程去走。

给客户想要的，远比把一切都给客户更加贴心。

销售产品的本质是为客户创造价值

根据经济学理论，商品必须具有价值。一个东西如果没有价值，那么即便可以流通，也不能被称为商品。产品呢？产品是在流通之前具有价值的东西。这个价值，指的是产品能够为客户创造多少价值。

做销售，就是要把能创造价值的产品推荐给客户。也只有这样，才能将产品源源不断地销售出去。如果销售人员不在意产品能为客户创造多少价值，只关注产品本身和产品能够卖出多少钱，那么客户也不会购买你的产品。

某品牌手机销售人员接待了一位年轻的客户。客户一身学生气，面带踌躇地来到了柜台前。

销售人员马上开口询问："先生，您好！请问有什么可以帮到您？"

客户一副若有所思的样子，问道："请问哪款手机的拍照效果和通话质量比较好？"

销售人员听后，马上拿出了店里最好的手机，推销道："先生，您看看这款旗舰手机，拥有顶级配置，能满足您的一切需求。这款手机不仅通话质量好，拍照效果好，而且日常使用时绝对不会有任何卡顿，哪怕同时运行大型游戏和聊天软件，也不会妨碍您在游戏当中有优秀的表现。”

客户犹豫了一下，说："我不是自己用，是打算送人的，那个人不玩游戏。"

销售人员马上又拿出了一款时尚手机，对客户说："打算送女朋友吗？您看看这款，虽然配置不是最出色的，但外观绝对是最亮眼的。这款手机主打拍照、音乐功能，美颜效果很好，您的女朋友一定会喜欢。"

客户连忙摆摆手，说："不是送给女朋友，是送给我父亲的。这个外观有点太时尚了，他接受不了。"

销售人员又拿出一部纯黑色的手机，对客户说："那这款一定很合适，能满足您通话质量好、拍照清晰的需求，外观简洁大方，适合成熟人士。这款手机还有个特点，就是续航时间很长，相信能满足您父亲的需求。"

这位年轻的客户点点头，买下了这部手机。

销售人员一共推荐了三部手机，有哪一部是不好的吗？并没有。第一部手机的配置能够满足所有人的需求，但是对于这位年轻的客户来说，优点有些溢出了。这些溢出的优点并不能为客户创造价值。强大的配置中，有些功能客户根本用不到，所以为这些功能花的每一分钱都是不必要的。

对于第二款手机，外观时尚不能算是缺点，但同样不能为客户创造任何价值。第三款手机虽然外观朴素，但是续航时间长，这一点能够为客户创造价值，客户自然会毫不犹豫地买下第三款手机。

作为一名销售人员，要时刻记住这一点：产品之所以被创造出来，可以卖一定的价格，完全是因为它们能够为客户创造价值。所以，在为客户服务的时候，一定要为客户着想，从客户的角度思考产品能够为客户创造多少价值，而不是可以卖多高的价格。

销售人员只有清楚地认识到以下几点，才能保证推荐给客户的产品是有价值的。

1. 你所知道的价值，对客户未必有意义。这个世界上能够销售的产品必然是有其价值的，但是有些产品能够长盛不衰，有些产品只是昙花一现。作为一名销售人员，你自然清楚产品的价值在哪里，但是，你不能认为这对客户同样有价值。一味地推荐你觉得好的东西，只会引起客户的反感。

2. 价值重大的东西，未必就是客户想要的。客户在购买产品的时候，评价标准并不只有好坏。好的东西往往价格不菲。很多人购买一件产品时的重要评判标准是性价比。

性价比高的产品，也就是用少量的钱购买到的最能符合用户需求的产品。当客户手头并不宽裕，或者对顶级产品没有需求的时候，他们会选择购买性价比较高的产品。作为一名销售人员，应该做到全面了解产品，逐步了解客户，不为客户提供最贵的产品，而是为客户提供最适合、性价比最高的产品。只有这样的产品，才能为客户创造最大的价值。

3. 不要忘记，销售人员才是真正的专业人士。不管客户对产品多么了解，不管客户多么有主见，客户在专业性方面都未必能超过销售人员。虽然客户有自己的意见、自己的喜好、自己的想法，销售人员也要尽量尊重，但绝不能眼睁睁地看着客户选择不合适的产品。

不管客户当初出于什么理由，或是坚持自己的意见，或是源于销售的推荐，只要买到了不合适的产品，最终都会归咎到产品上。产品未能创造价值，那么就是毫无意义的。我们要在尊重客户意愿的前提下，为客户挑选产品，务必要让产品为客户创造价值，否则，最后背黑锅的还是销售人员和产品。

产品本身是否有价值，不取决于厂商的宣传，不取决于销售人员的话术，也无关产品的价格，产品的价值是由客户决定的，是由产品能够为客户创造多少价值决定的。为客户推荐合适的产品，让产品能够创造价值的销售人员，才是一名合格的销售人员。

如何做到客户利益与企业利益的平衡

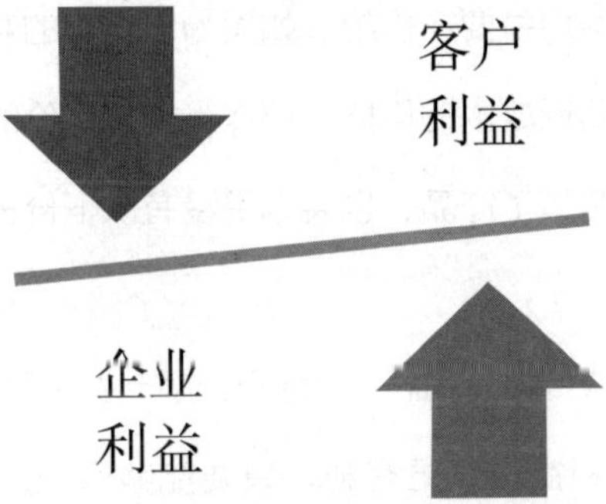

销售人员是夹在企业与客户之间的人，一方面要将企业的产品介绍给客户，为企业赚取利润；而另一方面，产品性价比越高，企业的利润就可能会越低。那么，客户的利益与企业的利益要如何平衡呢？

首先，我们要弄懂一件事情，那就是没有人会做亏本的买卖。作为一名销售人员，可以为了赢得客户的好感，为客户提供最优质的服务，帮助客户争取一些利益。但是，为客户争取利益不是毫无底线的。企业可以让利，可以少赚，甚至可以不赚，但是绝对不能亏损。都说赔本赚吆喝，实际上大型促销活动一般不会赔本，反而会赚得更多，这是销售数量的量变引起的质变。

所以，销售人员在为客户争取利益的时候，要有底线。有些客户擅长在这方面进行交涉，要了折扣要赠品，要了赠品还要服务。销售人员如果一味退让，一味给客户让利，那么稍不注意，产品就已经在亏本销售了。要知道，产品的价格并不只是由生产成本决定的，还有经销成本、运输成本等。扣除这些如果还有结余，那才不算亏本。

其次，很少有客户在购买产品，特别是打算长期购买产品时想要的是个“公正的价格”。何为公正的价格呢？就是企业在综合所有成本以后，附加一定利润，并且这个利润是客户所能接受的。即便定价客户能够接受，但客户总是想要用更低的价格来购买产品，这就导致了讨价还价行为的出现。

除了一些特定类别外，讨价还价几乎成了商业活动中的常态。销售人员在进行销售时，默认客户是要还价的。如果为了客户的利益着想，销售人员一开始就报出一个比较贴近成本的价格，那么当客户还价的时候，就没有降价空间了。即便最后客户购买了产品，也会觉得没有砍下价格，是一次不那么愉快的交易。

最后，利益平衡中的“利益”，要分长期利益和短期利益。对于企业来说，追求稳定的长期利益显然更有利。只要能够保证产量，有稳定的销售渠道，那么势必就能源源不断地获得利益。在这个过程中，尽量提高单价，获得更多的利润，是企业的附加需求。

短期利益则是客户更加在意的，市面上不可替代的产品并不多，客户能够快速找到替代品，客户是拥有更多主动权的一方。对于客户来说，长期稳定的购买渠道固然可贵，但也不是必需的。

要想平衡企业与客户间的利益，从附加需求上着手更加容易。我们可以在维护企业长期利益的情况下，降低单价，以此换取与客户的长期合作。这样，就能够在企业与客户的利益间找到一个平衡点。当然，除了价格之外，还有很多办法可以平衡客户与企业之间的利益。

1. 价格不够，服务来凑。客户最在意的始终是价格，但是为了维护企业的利益，我们能够做的让步非常有限。有限的让步自然难以满足客户，难以让客户感受到实惠。在这种时候，销售人员的增值服务往往能够起到不错的效果。

如果我们能通过服务帮助客户减少麻烦、节约时间、提高效率，那么无形当中就增加了客户所能获得的利益，客户也就更容易接受销售人员在价格方面的坚持。

2. 将一次让利打散，分成多次给客户。为了保证企业的长期利益，也为了满足客户得到实惠的需求，将一次让利变成多次是一个相对较好的选择。只要客户愿意长期消费，那么就能够得到实惠，企业也不会陷入费钱费力搞一次活动，却没有收获客户的窘境。

越来越多的商家意识到了这一点，开始用各种各样的方式将让利变成长期交易的条件。不管是健身房、理发店的会员卡，还是食品店印章、超市的积分卡，都起到了这一作用。

销售人员同样可以利用这一点，将促销方式改成长线促销，这样既能保证企业的利益，又能满足客户的需求。

3. 赔本赚吆喝，做好了就不会亏。有些客户身份、职业比较特殊，他们不仅自己购买产品，还可以将产品推荐给其他人。和这样的客户打交道，不赚钱也不亏。只要能够让对方认可自己的产品，那么我们就拥有了大量的潜在客户。只要有一部分潜在客户能够转化成有效客户，企业的利益就能够得到保障。

酒香也怕巷子深，最好的宣传还是客户的亲身体验、口口相传。所以，销售人员在与客户交流的时候，要注意对方的身份、职业，以及是否在小团体中有领袖地位。一旦符合其中一项，不妨先保证客户利益，尽量满足客户的要求，再实现企业利益。

企业利益与客户利益看似有着不可调和的矛盾，实际上是有很大操作空间的。只要方法运用得当，就能够在企业利益与客户利益中间找到一个平衡点。归根结底，商业活动追求的不是一方压倒另一方，而是在怀有共同理念的前提下实现双赢。

销售绝不要把利润最大化作为目标

获得利润，是销售产品的目的，是企业追求的目标。销售人员应不应该追求利润呢？当然是应该的。但是，利润最大化并不应该是销售人员的目标。销售人员要想卖出更多的产品，要想更加轻松地签下订单，那么就应该更加用心地为客户服务。利润最大化，不代表利润长期化，更不代表成功。

提到利润最大化，你脑海中会浮现怎样的方案？只要去思考，那么就一定有很多方案。“半年不开张，开张吃半年”的行业就是在追求利润最大化。但是，如果你所在的行业并不是“开张吃半年”的类型，那么追求利润最大化就不是好的选择。利润最大化，企业能够从中受益，而为企业利润最大化买单的人，就是客户和销售人员。

很多人可能不明白这一点：任何时候销售人员都不是站在企业对立面的，为什么企业利润最大化会让销售人员买单呢？我们先来看几种利润最大化的方法。

1. 削减时间成本。时间成本对于销售人员来说是一种非常敏感的成本，按照计划开展工作，如果没有在一段时间里取得业绩的话，销售人员当月的绩效考核就会受影响。在短时间内大量访问客户，或许能够获得一些客户，但从长远来看，这是一种竭泽而渔、杀鸡取卵的做法。

削减时间成本，也就意味着难以与客户有更多的默契，不利于建立长期关系。虽然潜在客户数量众多，但不是无穷无尽的。当你浪费了大量的机会，拜访了大量潜在客户，获得了一些订单以后，会发现能够达成第二次合作的客户并不多。从长期来看，这是得不偿失的。通过削减时间成本来争取短期内的利润最大化，显然是不划算的。

2. 减少产品额外的消耗。很多产品在销售的时候，都会赠送或配备一些配件，如手机的充电器、数据线、耳机等。越来越多的企业为了追求利润，开始减少配件的配备。最近几年，附带耳机的手机已经越来越少了，这就是通过降低产品的配置来追求利润最大化的实例。

销售人员在销售产品的时候，手头也拥有一些配件、赠品及试用品。这些东西虽然不必自己付钱，但往往是有一定数量限制的。为了追求利润最大化，只将赠品赠送给已经准备购买产品的客户，或者是有较大希望购买产品的客户，这是很多销售人员会做出的选择。

但实际上这种做法并不正确，甚至违背了赠品本身存在的意义。赠品不是作为一种回报来讨好那些愿意购买产品的客户的，而是用来让那些不愿意购买产品、不信任产品，甚至不愿意去了解产品的客户认识产品、了解产品的。如果将产品送给那些已经购买了产品，或者有意向购买产品的客户，那不就本末倒置了吗？

3. 削减售后服务，换取利润最大化。产品销售出去以后，并不代表利润完全落入口袋了，之后的维修、更换、上门服务等都是对利润的消耗。甚至可以说，售后服务吃掉了相当多的利润，其中不仅有人工成本、硬件成本，还有大量的时间成本。但是，售后服务是必不可少的，不仅不能没有，还不能有丝毫的削减。

如今很多公司为销售人员制订了一定的标准，申请售后服务的客户超过一定数量，售后服务支出超过一定的金额，就会扣掉销售人员一定的业绩。但即便如此，销售人员也不能为了追求利润最大化而对售后服务下手。

如果销售人员为了追求利润最大化，忽视了对客户的售后承诺，或者削减了售后服务，那么不仅会失去一个可能会再次与你合作的客户，还可能会失去这个客户身边所有的潜在客户。如果一名销售人员失去了客户的信任，想要成交就难上加难了。

4. 利用信息差，做“一锤子买卖”。客户在购买产品的时候喜欢货比三家，这是非常常见的，但是，并不是每个客户都这样。更何况，有些客户即便货比三家，也无法得到一个真实、透明的价格。销售人员在对客户报价的时候，也不可能将底价报给客户，一般都会留下讨价还价的余地。

那么，如果有客户接受了高价呢？如果有客户主动开出了很高的价格呢？作为一名销售人员，是否就应该为了利润最大化，将客户蒙在鼓里，顺势狠赚一笔？显然是不应该的。这样的买卖属于“一锤子买卖”。客户不可能永远被蒙在鼓里，一旦客户知道自己溢价购买了产品，不仅会为多花了钱而不悦，还可能会产生被愚弄的感觉。

但是，当客户接受了高价，或者主动报出高价的时候，我们也不能主动将价格降低。为了弥补过高价格与合理价格之间的差距，销售人员应该用赠品、配件、服务或者其他为客户提供便利的东西将差价补回。这样，即便客户有一天得知自己溢价购买了产品，通过计算，也会发现自己并没有亏太多，这样也不至于产生不好的感觉。

利润最大化是企业的目标，但不应该是销售人员的目标。做销售就是在做人，除了赢得利润之外，还有很多东西是我们需要得到的，如良好的人际关系、长期而稳定的合作伙伴、良好的口碑和名声。一味地强调利润最大化，会让我们失去利润之外的这些东西。一段时间内看似收获颇丰，但从长期来看，不仅对职业发展不利，对整个人生都可能产生负面影响。所以，我们在做销售时，绝对不要将利润最大化当成目标。

帮助客户购买，实现客户的梦想

在商业活动当中，各方的分工是非常明确的。企业生产人员负责生产产品，销售人员负责推销产品，而客户负责购买和使用产品。在这个流程当中，销售人员扮演了非常重要的角色。企业一般不会与客户直接对接，客户又缺少对产品的了解，此时销售人员就担负起了连接双方的责任——要告知客户产品是怎样的，要为客户选择最好、最合适的产品，这是销售人员的任务之一。

很多销售人员并不具备帮助客户购买的主观能动性，他们通常认为客户只要购买产品就好，不管客户买什么，自己都能赚钱。事实上，认真帮助客户购买产品，让客户满意，甚至帮助客户实现梦想，这对销售人员来说有许多好处。

首先，认真帮助客户购买产品，有利于降低时间成本。客户想要购买产品，那就是有需求，但是，客户很难从众多产品当中选到最适合自己的。如果销售人员能够帮助客户直接选到最合适的，那么客户就不需要再反复尝试、比较，能够更快决定购买哪件产品。帮助客户购买，既节省了客户的时间，又节省了自己的时间。

其次，认真帮助客户购买产品，可以让销售人员赢得更多的客户。对于客户来说，最重要的是买到称心如意的产品。一次成功而顺利的购物，是让人开心和骄傲的。当你帮助客户买到了想要的产品，甚至帮助客户实现了梦想时，客户就会主动为你打广告。一传十，十传百，你的客户就会越来越多，潜在客户转化也会变得更加容易。

最后，帮助客户购买，可以减少后续问题。客户买到不合适的产品，不管是换货还是退货，往往都需要销售人员接洽。如果能够帮助客户买到合适的产品，那么产品出现问题的概率就会大大降低，也就降低了客户提出售后服务的概率。

帮助客户购买对于销售人员自身是有益的，但是这样做的时候要用一定的方法。否则，不仅不能帮助客户买到称心如意的产品，反而会引起客户的反感。那么，有哪些需要注意的地方呢？

1. 帮助客户购买，是给客户建议，而不是下命令。帮助客户购买，说白了就是在沟通的过程中尝试换位思考，帮助客户选择合适的产品，引导客户购买。

每个人都是有逆反心理的，特别是在销售情境中——客户往往认为自己和销售人员是站在对立面上的，这种心态不难理解。因此，我们要给客户建议，为客户分析我们为什么要向其推荐某产品，让客户明白我们推荐的产品完全是为客户着想，而不是为了多赚钱，或者是为了出售那些销量不佳的产品。只要进行合理的说明与分析，客户一般就会在思考过后接受你的建议。

如果使用的语气太过强硬，客户肯定会产生不悦，不仅不会听从你的建议，甚至会放弃通过你购买产品。

2. 为客户划定购买范围，而不是直接为客户选定产品。我们在帮助客户购买产品之前，一定要对客户有所了解。只有了解了客户，才能为客户推荐最合适的产品。但是，我们并不能完全了解客户的需求、客户的条件，所以在推荐的时候，最好为客户划定一定范围，让客户在一定范围内进行选择，而不是直接指定某产品。

某电器商场的销售人员接待了一位客户，客户想要趁着商场开展优惠活动的机会购置一台电视机，但来购买之前显然没有做什么功课。当客户来到某品牌电视机销售区域时，发生了如下对话。

销售人员："您好，先生！请问有什么能帮到您的吗？"

客户："我想买一台电视，你们品牌有优惠吗？"

销售人员："是的。您想要一台什么样的？我可以帮您挑选一下。"

客户："我想要一台放在卧室里看的电视机，最好是能连接无线网络的。"

销售人员："既然是放在卧室里，那么尺寸不需要太大，是吧？我觉得这款就很适合您。这是今年的最新款，支持网络电视功能，32英寸，非常适合在卧室里观看。"

客户："还有别的合适的吗？"

销售人员："我们还有很多其他的产品，但是我觉得这一款是最符合您的需求的。"

客户："那我再想想吧。"

客户又来到另一个电视机品牌的销售区域。

销售人员："先生，请问您是想要购置一台电视机吗？"

客户："是的，我打算购买一台放在卧室里的电视机，最好带有无线网络功能。"

销售人员："放在卧室观看的话，太大就不合适了。您看看这几款，从32英寸到40英寸都有，而且有无线网络功能。这边的几款是新产品，性能更加强大；那边的几款是老款，质量过硬，而且优惠力度更大。您看看您需要哪一款。"

没过多久，客户就购买了一台电视机离开了。

人是一种奇怪的动物，在做出选择的时候，总是觉得自己的想法更加可靠，即便是错误的决定，也愿意默默地承受后果。而他人的决定，则显得不那么重要。如果你只给客户一种选择，那么大概率会失去这个客户。我们要想帮助客户购买产品，那就要为客户划定一定的范围，让客户自己做决定。如果客户失去了自己做决定的权力，即便最后购买了产品，即便已经是最好的选择，心里也会为产品挑出种种问题来。

销售人员是要为客户服务的，要帮助客户购买产品，要让客户的利益最大化，要让客户的钱花到实处。只知道让客户掏钱，却不能让客户满意的销售人员，应该说是不称职的。

第二章

帮客户购买的前提是让客户信任你

人无信不立。当客户不信任你的时候，你说什么都是错的。我们要想帮助客户购买产品，必须先取信于客户。否则，在客户耳边苦口婆心地说上三天三夜，客户也只会觉得你令人厌烦。

客户的第一印象，决定了他愿不愿让你帮忙

我们有很多判断一个人是否值得信任的方法，但是对于初次见面的人来说，能用的却不多。身为一名销售人员，我们没有那么多的时间去慢慢赢得客户的信任，慢慢让客户了解我们。我们能做的只能是给客户留下良好的第一印象，获得客户的信任，这样才能赢得帮助客户的机会。

对于怎样留下良好的第一印象，人们往往有着不同的见解，甚至有些时候，你会从不同人的口中得到截然不同的答案。其实，留下良好的第一印象的方法并不是固定的。每个人的情况不同，要根据自身的情况巧妙安排，这样才能真正给人留下良好的第一印象。如果削足适履，只会适得其反。

我们不能完全按照别人的方法来打造自己给人留下的第一印象，但是良好的第一印象总归是有标准的。下面，我们就来打造自己给人留下的第一印象吧。

第一印象的形成

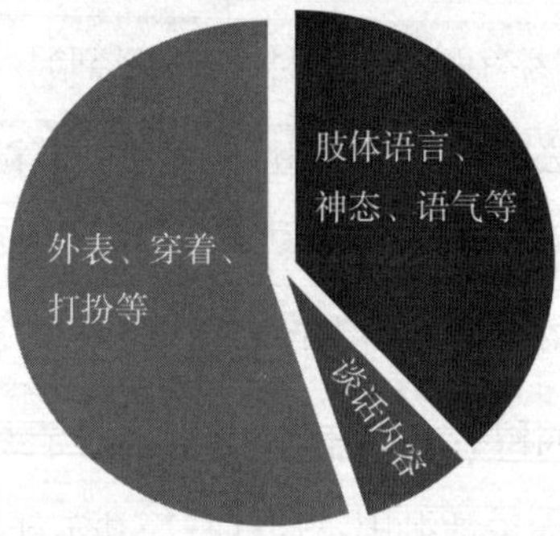

我们先来看看究竟哪些方面是会给人留下糟糕的第一印象，需要我们想办法避免的。

1．邋遢的穿着。销售人员的穿衣风格不一定是固定的，不是说在任何场合都西装革履才是好的。但是，不管你穿什么，都要遵循整齐、干净这个要求，避免邋遢的穿着。

邋遢的穿着会给人留下糟糕的第一印象，因为这说明你是个没办法管理好自己的人，并且对客户缺少基本的尊重。如果你尊重客户，那么就应该以恰当的着装来见客户。缺乏自我管理能力，说明你不是个可靠的人，身上很有可能存在着不守时、丢三落四等毛病，这样的人做出的承诺也难以令人相信。

所以，要想给客户留下良好的第一印象，第一个要避免的问题就是邋遢的穿着。

2．过于热情。很多公司在培训的时候，都要求销售人员对待客户要热情，这是没有错的。但是很多销售人员并不能很好地把握尺度，凡事过犹不及，热情同样如此。

我国有句古话：无事献殷勤，非奸即盗。如果你过于热情，那么你的行为在客户的眼中无疑带有强烈的目的性，如想要用尽一切手段掏走客户钱包里的钱。这个时候，客户就会对你产生警惕心理，再想要获得客户的信任就很难了。

造成过度热情的原因有两种，一种是缺少经验，把握不好尺度；另一种是因为太过紧张，没办法很好地控制自己的情绪。不管哪一种，只要进行适当的练习，都能够解决。

3．谈话的节奏不恰当。在与客户交流的时候，说话的节奏是非常重要的。很多销售人员在培训和学习的时候为自己准备了大量的套话，背得滚瓜烂熟，一见到客户就长篇大论地抛出。这种行为并不能给客户留下好的第一印象，喋喋不休只会让客户觉得吵闹，而默不作声又会让交流陷入令人难堪的尴尬局面。良好的谈话节奏能够让客户保持良好的心情，自然也就会对你产生一个好的第一印象。

现在我们知道了究竟哪些行为会给客户留下不好的第一印象，那么要如何找到给客户留下好印象的办法呢？

1. 适合自己的才是最好的。这里的适合，是指要根据自身的气质、性格等而定。如今各公司在对销售人员进行培训的时候，同质化现象非常严重，内容千篇一律，就连见到客户该说什么话都几乎有了标准模板，这是不正确的。我们要找到最适合自己的东西，特别是表情和语言。

表情是非常重要的，合适的表情能够给人留下非常好的第一印象，因此很多行业才出现了微笑服务这样的要求。笑容总是能够温暖人心，总是能够让人产生亲切感，但并不是所有人都适合微笑，或者说很多人没有找到适合自己的笑容。生活中，很多人不苟言笑，如果非要让他微笑，那么看起来很可能是不自然的，客户也会产生违和感。这种感觉带来的不适是会给客户留下强烈印象的。

适合自己的说话方式同样重要，在与客户交流的时候，我们要成为那个掌控节奏的人，要成为那个引领话题的人。成为话题的掌控者并不只有一种方式，有些人天生比较擅长说话，口若悬河、滔滔不绝、引领话题；有些人则更加擅长倾听，拥有从对方话语中找到自己想要内容的能力，能抓住客户话语中透露出的关键内容，这同样可以起到引领话题的作用。

不管使用什么方式，总归要找到自己擅长的方式，不可人云亦云。

2. 不可不拘小节。细节决定成败，这句话放在见客户上是非常准确的。每个人都有自己的一些小习惯，类似抖腿、咂嘴、一直清喉咙等，这些习惯难分好坏，有些人觉得没问题，有些人则觉得不能接受。

这些小习惯很容易改变客户对你的第一印象，或许你觉得不算什么问题的习惯，在客户眼中就有严重的问题。所以，销售人员一定要注意细节。我们不知道客户喜欢什么，能够接受什么，那就干脆所有的细节都注意到，任何习惯都不要轻易地表现出来。

要想赢得客户的信任，顺利地展开交流，那就必须让客户对你产生良好的第一印象。如果第一印象不好，再想让客户信任你，就可能需要花费几倍的时间与精力。所以，一定要给客户留下好的第一印象，即便不能留下好的第一印象，也尽量做到不留下坏的第一印象。好的第一印象未必能够帮你赢取客户的信任，但是坏的第一印象一定会产生巨大的负面影响，影响客户对你的信任。

和客户见面要像对待恋人那样小心翼翼

客户对于销售人员来说是非常重要的。我们与客户的关系是平等的，但是这段关系需要我们悉心呵护。你对客户的态度决定了你能否谈成一笔交易，能否签下订单。从长远来看，客户才是将你送上成功高峰的助力。我们要悉心呵护与客户之间的关系，这里有一个小技巧：不妨将与客户见面当成是与恋人见面。

说到这里，有人可能会很惊讶：客户是客户，恋人是恋人，即便是异性客户，也不能当成恋人来对待。事实上，我们说的将客户当成恋人对待，不是让你给客户制造浪漫，而是让你做好充足的准备，就如同你要去见恋人一样。那么，我们去见“恋人”的时候，需要做哪些准备呢？

准备一：整理你的外表。有人说过，每次出门时都要将自己最好的一面展现出来，因为你不知道今天出门会遇见谁。如果你知道你今天会见到你的恋人呢？那就更要将自己最好的一面展现出来。

从外表做起，那衣服就是我们要关注的第一个点。衣服不需要多么好看，但一定要合适，一定要干净。如果衣服做不到干净、整洁，那么从你和客户第一次交流时，你就已经被扣分了，就如同你的恋人看见你穿着肮脏的衣服，即便脸上没有露出嫌弃的表情，心里也会扣除一些对你的印象分。

头发是我们需要关注的第二个点。衣服是非常容易更换的，虽然给人留下第一印象的往往是衣服，但头发也是非常重要的一方面。头发干净、整齐的程度，说明了你重视对方的程度。不少女孩表示，如果见面的时候男方连头发都不洗，那说明她对他来说真的不是什么重要的人。事实就是这样，如果你尊重你的恋人，尊重你的客户，就一定会想要将最好的一面展现出来，自然不会放过头发这个关键点。

口气是最容易被忽略的一点，但是重要程度远超人们的想象。人们只要花上一些心思就能够将自己的外表弄得光鲜亮丽，有时却忽略了口气。为什么要强调口气的重要性呢？因为我们与客户见面时，最重要的环节就是交流。在交流的过程中，如果我们的口气不够清新，让客户转移了注意力，让客户对我们产生了不好的印象，是非常糟糕的。口气不清新带来的负面影响有时甚至能够抵消之前你施加的所有正面影响，就如同当你想与恋人接吻时一样。

准备二：练习今天见面可能会发生的事情。当你处在热恋中时，会想要为恋人留下完美的印象，那么你的一举一动、你说的每一句话都要格外注意。要想达到完美，要想不出任何纰漏，适当的练习是必需的。就如同《漂洋过海来看你》中的歌词一样，“为了这次相聚，我连见面时的呼吸，都曾反复练习”。

我们见客户时也是如此，要怎么和客户打招呼，应该做什么样的动作，说话的语气和声调应该怎样才显得和谐，怎样才能给客户留下完美的印象，这些都是要反复练习的。世界上的销售大师、演讲大师，在练习这件事上都曾花费过大量的时间。即便事先没有准备台词，没有准备演讲稿，也必须要练习自己的动作和仪态，因为这些是你能否给人留下良好印象的重要方面。

准备三：设想可能会出现的情况，并准备应对方案。当你与恋人见面的时候，总是要准备多种方案来让今天的见面变得完美。你要说些什么，恋人会回答你什么；你会提出什么意见、要求，对方又会有怎样的反应，这些都应该在你的设想之中。如果缺少这个步骤，一旦出现意外，就难免手忙脚乱。

我们见客户前也要准备多种方案：客户不想了解我们的产品怎么办？客户突然对产品失去了兴趣怎么办？客户觉得我们的产品价格不合理怎么办？客户要你详细介绍产品你又该怎么办？这些都是要做好功课的。如果缺少足够的应对方案，被客户问住，或者没能在客户失去耐心之前给客户满意的答复，那么这次会面就是失败的。

准备四：准备好应对所有的意外。天有不测风云，人有旦夕祸福。我们能够努力掌控主观因素，却没办法控制客观因素。例如，当你去见恋人的时候，天公不作美，突然下雨，应该怎么办？当然，不是所有倒霉的事情都会发生，但对可能发生的意外总要提前做些准备，这样才能万无一失，给恋人留下细心、体贴的印象。

我们在见客户的时候同样要做好万全的准备，要准备好一切可能会用上的东西，以应对突然出现的意外。例如，已经了解过产品的客户突然表示想再深入了解产品，这时如果你没有带资料就尴尬了；或者说今天的见面非常顺利，客户想要立马就签约，那你没有准备合同的话，宝贵的机会就可能会错过了。

我们要像对待恋人那样对待我们的客户，让每次见面给客户留下最好的印象，让每次会面都像约会一样完美。如果我们能让客户感受到无微不至的关怀，那么客户自然会给我们相应的回报。

对客户了解到位，才能准确帮客户制订购买方案

要想服务好客户，让客户满意，最好的办法就是帮助客户选到合适的产品，制订最好的购买方案。但是，帮助客户制订购买方案说起来容易，做起来却并不那么简单。只有对客户有足够的了解，才能够为客户制订精准的购买方案，否则，你帮客户制订的购买方案不过是一厢情愿。

那么，准确地帮助客户制订购买方案，到底需要做些什么呢？我们来看一个例子。

一位年轻女士来到了商场的洗衣机销售区域，打算挑选一台洗衣机。销售人员主动迎上来询问："您好，女士，请问您有什么需要？"

客户："我想购买一台洗衣机，但是不知道哪种洗衣机更合适。"

销售人员："请问您家里有几口人呢？"

客户："现在只有我和我先生两个人。"

销售人员："如果将来您家是个三口之家的话，那么一台5千克容量的洗衣机就足够了。请问您的工作是？"

客户："我和我先生都是教师，平时挺忙的。"

销售人员："如果您没有太多空闲时间，那么我不推荐您购买半自动洗衣机。您对洗衣机的占用空间有什么要求吗？"

客户："我们刚刚搬了新家，一切都还没布置好，还有很多空间。"

销售人员："那么您的衣物多久更新一次呢？是经常更新还是喜欢将过去的衣物保存得很好呢？"

客户："我们的工作对着装是有要求的，所以有几套衣服会经常穿，便装更新得比较少，属于服装更新比较慢的吧。"

销售人员："那我推荐您购买这台滚筒洗衣机，全自动清洗，自动烘干，衣物在清洗的时候也比较不容易受损。但是滚筒洗衣机耗电量比较高，而且洗涤时间较长，您能接受吗？"

客户："我们平时还挺忙的，即便是全自动的，洗涤时间太长也不太合适。"

销售人员："那您看看这款波轮式全自动洗衣机，它的体积较小，也相对省电，洗涤时间短，但是对于衣物的保护就没有滚筒洗衣机那么好了。"

客户思考了一会，最后选择了波轮式全自动洗衣机。

在整个销售过程中，销售人员可以说是面面俱到地了解了客户的情况，但还是没能一次就选到让客户满意的产品，可见这并不是一件简单的事情。那么，我们究竟要了解客户的哪些情况才能够做出准确的判断呢？

1. 使用者。我们之前说过，产品的购买者未必就是产品的使用者，也许产品是客户为别人买的，也可能是客户购买以后全家使用的。要想让客户满意，那就必须面面俱到，考虑可能会使用这件产品的所有人的情况。

比如，客户家中有没有小孩，是否和老人同住，家中共有多少人，是否经常有客人来访，这些都是销售人员需要考虑的。其中任意一个条件变化，都可能导致客户产生完全不同的需求。如果销售人员对使用者状况不做深入了解，那么很有可能做出错误的判断。

2. 客户对产品的依赖度。人们在购买产品的时候可能是抱着不同目的的——有些人购买电视机只是觉得家里应该有一台电视机，有些人购买电视机是为了偶尔看看或者家里有客人的时候一起看，还有一些人热衷于电视节目，将看电视作为主要的娱乐方式。针对这三种客户，推荐的电视可能有很大差别。

第一种客户并不依赖电视，甚至可以说只是将电视机当成家里的装饰。那么，为这种客户推荐的电视只需要满足这是一台电视就好，外形的美观大于实用价值。

第二种客户比较适合性价比高的电视机，毕竟电视使用得不多，经常拿来给客人看，所以不论是外观还是功能，都要说得过去。

第三种客户是电视重度依赖者，对于电视很可能有高要求，不仅外形要美观，功能要强大，还要能经受住长期使用的考验。

3. 客户职业。不同的职业，对于产品也有不同的要求。例如，长期在户外工作的客户购买手机的时候待机时间和信号强度就成了非常重要的因素；只在城市里活动的商务人士对信号强度就没那么高的需求，但是通话的清晰程度就成了重中之重；对于做设计或者其他需要灵感的工作的客户，良好的录音功能和清晰的拍照功能都是非常重要的，因为他们有太多的东西要记录下来，一旦这些功能有缺陷，那么一个伟大的灵感可能就会错过了。

4. 产品使用环境。很多产品在不同的环境里会有截然不同的表现，一款产品可能并不适合灰尘较多的环境，另一款产品可能无法在潮湿的环境中正常工作。就拿全球知名的iPhone来说，在低温环境下不能正常工作这一点并没有向客户明确说明，这就导致每年冬天都有大量的客户表示自己的手机在户外不能正常使用，并且耗电量极快。产品使用环境需要向客户明确说明，否则用不了几天，就会看见客户气冲冲地拿着不能正常工作的产品来投诉了。

5. 客户经济状况。客户的经济状况是非常重要的，很多产品功能类似，但是在使用过程中所产生的费用是相差极大的。例如，滚筒洗衣机耗电量较大，其他洗衣机的耗电量远远低于滚筒洗衣机。如果客户家庭并不宽裕，或者客户是个精打细算的人，那么推荐滚筒洗衣机可能就不那么合适。但如果客户是追求高生活品质的人，经济状况比较好，那么就不妨推荐价格更高，质量更好的产品。

帮助客户准确地购买，这个过程如同量体裁衣、对症下药，只要足够细心，有足够的耐心，那就一定没有问题。

为客户答疑解惑，做一名优秀的产品解说员

销售人员存在的意义，就是将产品更好地推荐给客户。没有什么产品是完美的，也不可能不管销售人员说什么，客户就能马上明白。客户有疑问，是非常正常的现象，销售人员不仅要成为企业与客户之间的纽带，将产品推荐给客户，还要成为一名优秀的产品解说员，消除客户的疑虑，以便更好地销售产品。

如果一名销售人员不能为客户答疑解惑，那么就是不称职的。因为客户通常对产品不够了解，销售人员不能解答问题，客户也就不会知道产品是否适

合自己，购买产品的概率就会大大降低。

我们不妨假设一个场景，来看一看如果销售人员不能解答客户的问题，是一种什么样的情况。

某家具城，一位客户想要购买一张床，销售人员热情地接待了他。

销售人员："先生，您好！您打算买什么样的床？我可以为您介绍一下。"

客户："我打算买一张实木床，要跟家里的装修风格比较搭配。"

销售人员："您看看这张床怎么样，这是我们最近卖得最好的一张，而且最近还有活动，可以给您打9折。"

客户观察了一下，用手摸了摸，问："这张床是用什么材料做的？这个价格应该是不错的硬木吧？"

销售人员赶紧看了一眼商品名册，回答说："这张床是橡木做的。"

客户又问："橡木和柚木哪个好一点？"

销售人员支支吾吾地说："应该都差不多吧。"

客户凑近床边，嗅了嗅，问："这张床用的什么漆？不会出现气味很重、甲醛超标之类的情况吧？"

销售人员马上回答说："这您放心，我们的产品使用的都是经国家认证的好漆，绝对不会出现甲醛超标的情况。"

客户皱了皱眉，说："那味道大不大？我可不想买了以后还要先放一个月才能睡。"

销售人员尴尬地回答说："新床的话应该都有些气味吧。"

客户不满道："什么叫应该啊？这张床用的到底是榫接还是螺丝连接？还是两者都有？"

销售人员又回答不出，只好硬着头皮说："应该是榫接吧！这张床属于比较高档的产品，一般这个价位都是榫接的。"

客户似乎有些恼怒，说："又是应该，那我买回去要是发现是螺丝拧的，你给我退款吗？"

说完，客户扭头就走了。

没有谁的钱是大风刮来的，所以人们在购买产品的时候都追求物有所值。当部分信息缺失，无法获得自己心中问题的答案时，人们购买产品的欲望就会大大降低。因为在不了解产品信息的情况下购买产品无异于赌博，万一产品和自己想的不一样，即便能够退货也难免会有不少麻烦。在这个时候，不买才是绝大多数客户的选择。所以，作为一名合格的销售人员，有为客户答疑解惑的义务，也必须具有这样的能力。只有能够为客户答疑解惑，才能让客户更加放心地购买产品。

我们是客户，不是技术人员，不可能做到无所不知。但是，我们要在自己的能力范围内尽量解答客户的问题，避免被客户问得哑口无言。要想做到这一点，销售人员平时必须多做一些功课。那么，我们在做功课的时候有哪些需要注意的事情呢？

1. 基础知识千万要牢记。任何产品都有基础参数，这些是客户最常问的，也是产品最重要的信息。牢记产品的基础知识，是一名销售人员最基本的能力。如果连产品的基础知识都记不住，那说明这名销售人员根本没有把自己的工作当回事，这是严重的失职，是缺少职业道德的表现。

而且，如果客户问你产品的基本参数，你却没办法给出准确的答案，客户会觉得你缺少基本的职业素养，客户又如何能放心地从你手上购买产品？

2. 进阶知识尽显专业。一件产品，除了其基本参数外，还有很多进阶知识，包括品牌背景，材料的选择、加工、处理，甚至包括在制作产品的时候用到了哪些新的工艺技术。这些知识不见得每个客户都会询问，但总会有被问到的时候。

当客户询问你进阶知识的时候，回答不上来无损于你的专业素养，但如果你能够将这些进阶知识娓娓道来，那么势必会在客户心中留下更好的印象。你的认真、博学多知，才会传达给客户，让客户更加放心地购买产品。

即便客户没有询问，这些内容也能成为你与客户闲谈时的谈资，为你介绍产品的过程增添一些趣味，让谈话变得不那么枯燥，让客户更加专注地听你讲解。

3. 答疑语言要清晰。很多销售人员在技术方面并不专业，所以在解答问题的时候，都像是在"抄作业"——得知了怎样的说法，学到了什么知识，就原封不动地传达给客户。销售人员不是专业人士，客户更不是。如果在答疑过程中销售人员自己都不理解很多专业词汇，又如何让客户听明白呢?

所以，作为一名专业的销售人员，要想更好地服务客户，为客户答疑解惑，就必须深入了解这些内容，争取用通俗易懂的方式为客户解答问题，这样可以避免客户二次询问的时候无力招架。

一名好的销售人员，必须要有多项过硬的能力。其中，为客户答疑解惑是一种基础能力，也是最为重要的一种。这是基本的职业素养，是不可或缺的。不要做一问三不知的销售人员，当你被客户问倒的时候，绝对不是客户问得太多了，而是你知道得太少了。我们可能不是对产品最了解的人，但如果我们知道的比客户还少，那就有点尴尬了。

所以，一名合格的销售人员、好的销售人员，必须是一名好的产品解说员。

找准产品价值，看看是否符合客户内心的购买点

有些时候，产品销售不出去不是产品不好，而是因为没有找到用户的购买点。这种状况的出现，既有商家没有做好宣传工作的原因，又有销售人员工作不仔细的原因。

一件产品往往拥有众多功能，就连企业有些时候都不能彻底搞懂自己的产品究竟在哪方面是最有价值的。很有可能企业着重宣传的点并没有引起客户的购买欲，而产品其他的优点被挖掘出来以后，销量顿时大增。作为一名销售人员，作为和客户接触的第一责任人，要比企业更加明白客户内心的购买点是什么。而要想做到这一点，就必须找准产品的价值。

20世纪40年代，第二次世界大战时期的美国进入飞速发展阶段。很快，橡胶就成为制约美国发展的重要因素。橡胶是轮胎、防毒面具等重要军用品制造必需的原料。为了解决这个问题，很多公司都开始了人工合成橡胶或者寻找橡胶替代品的项目。

通用电气公司接受了美国战时生产委员会的安排，安排工程师詹姆斯·怀特作为这一项目的主要负责人。詹姆斯·怀特经过大量的实验，最终用硼酸和硅油制作出了一种新型材料。这种材料耐腐蚀、耐高温、不腐烂，具有非常好的延展性。但是，这种新型材料却不能当成橡胶使用，它是橡皮泥！接下来发生的事情众说纷纭，有记载显示通用公司找了很多工程师，想要为这种材料找到合适用途，最终一个家中经营玩具店的工程师认为这种产品会成为绝佳的玩具；也有记载显示詹姆斯·怀特自立门户，将他的新发明做成了清理壁纸的材料，但由于该产品的清洁效果不佳，所以公司一直处在倒闭的边缘。这个时候，一家玩具公司找上门来，因为他们发现很多孩子使用这种可塑性极强

的产品制作圣诞挂饰，最终这家公司买下了詹姆斯·怀特的发明。

不管哪种说法是真的，橡皮泥确实是意外诞生的。作为橡胶的替代品，它毫无价值；作为壁纸清洁剂，它略微有些价值；而作为玩具，橡皮泥才算真正地大放异彩。

当然，并不是每件产品都和橡皮泥一样，需要努力寻找才能发现真正价值，但是作为一名销售人员，要多方面地去了解产品，去挖掘产品的竞争力究竟在哪里。只有这样，才能在发现客户需求的时候一击命中。

如果找不准产品的价值，那么你在推荐的时候就难以契合客户的购买点，销售产品的难度就会加大。

根据我们以往的经验，要想准确地找到产品价值，要从以下几方面来着手。

1. 产品价值并不只是产品的核心功能。市面上独一无二的产品并不多，完全没有竞品的产品几乎不存在。如何在众多核心功能相同的产品中找到客户真正想买的产品，就需要挖掘产品核心功能之外的优点了。

例如，一款电动车的卖点除了续航时间和速度外，还可以是空间大小、舒适程度；一款耳机的卖点除了音质之外，还可以是佩戴的感觉；一款手机的卖点除了性能外，还可以是外观、续航时间；至于汽车这种大型产品，有价值的点就更多了……如何找到产品超越其他同类产品的价值，命中客户的购买点，是重中之重。

2. 在产品价值方面，1+1可能大于2，也可能小于2。产品的卖点很多，这些卖点在单一情况下可能并不能激发客户的购买欲，但是加在一起可能就会让客户觉得是最合适的产品。

例如，某款MP3设备拥有大内存、电量足的优点，即便音质比其他同类产品稍差，也会吸引大量的客户购买。这两点能够满足一大部分人的需求，那么就产生了1+1大于2的效果。

产品价值1+1小于2的情况也是有的，不管销售人员怎么说，客户心中都始终有一架天平。在这架天平上，哪种功能比较重要是已经称量好的。客户更愿意为自己需要的功能付钱，至于那些并不需要的功能，多一种就意味着要多花一份冤枉钱。在这种情况下，过多的功能反而成为客户的心理负担，即便这些功能只是附加的，并不影响产品的价格，客户也不愿意。

所以，我们在寻找产品价值的时候，不能忽略产品价值之间互相影响的效果，要综合来看。

3. 产品价值并不能完全决定产品价格，市场供求状况等都会影响产品的价格。当你了解产品价值的时候，同样需要知道产品的价格是否合适。如果产品的价格超出产品价值太多，那么就很难打动客户。这个时候，就需要挖掘产品更多的价值来填充。如果不能向客户解释清楚产品价格为什么这么高，看起来却没有足够对称的价值，那么就难以与客户的购买点相对应。

客户在购买产品的时候，看重的是产品价值。没有价值的产品，不管价格多么便宜，客户也不会购买。但是，客户的心中也是有个界限的，超过界限太多，客户也不会购买产品。所以，作为销售人员，必须要挖掘产品更多的价值。只有让客户觉得产品有价值，让客户觉得物超所值，让客户觉得产品是有用的，客户才会心甘情愿地购买。

洞察客户购买心理，帮客户做心理梳理

挖掘产品价值，是为了迎合客户的购买点，但如果我们找不到客户的购

买点，或者说连客户都不清楚自己的购买点到底在哪里，那么不管产品多么有价值，客户也难以做决定。所以，一名合格的销售人员，不仅要找到产品的价值，还要能帮助客户梳理心理，让客户明白自己的购买心理是怎样的，让客户明白自己想要怎样的产品。

不同的产品有不同的定位，或许这些产品的核心功能相差无几，但是面向的人群不同，就会表现出巨大的差异。这种差异是企业根据客户不同的购买心理进行的相应调整。我们要想洞察客户的购买心理，也要像企业一样做足功课，明白不同的客户究竟有怎样的购买心理，这样我们才能够为客户推荐更加合适的产品。

作为一名销售人员，平日里会与各种各样的人打交道。世界上最好的心理学家也不可能在初次见一个人的时候就将其完全看透，销售人员就更加不能了。所以，要想洞察客户的购买心理，我们只能简单地分析不同人群常有的一些需求，对其进行整理后加以运用。

常见人群的购买心理大概有以下几种。

实惠型客户：注重产品性价比

时尚型客户：新、奇、美

实用型客户：对产品性能要求高

虚荣型客户：更在意产品价格和纪念意义

经济型客户：自尊心强烈，对产品有需求

1. 实惠型。相比于产品的价值，这种客户更在意产品的性价比。只要产品能够满足他们的基本需求，越便宜越好，其他的附加价值都不是他们需要的。这种客户擅长精打细算，会多方比较价格，最终才选定他们想要的产品。

当你发现一个客户在购买产品的时候犹豫不决，并且对几种同类产品反复比较，那就说明这很可能是一位实惠型的客户。要想打动他们，只要找准他们需要的功能，然后推荐性价比最高的产品即可。

要注意的是，这类客户虽然喜欢精打细算，除了他们需求之外的价值都不在意，但不代表他们追求的只有产品的一项功能。所以，在向这类客户推荐产品的时候，不能仅仅知道对方的一种需求后就开始推荐，对方往往有多种需求，所以才会犹豫不决。

2. 时尚型。这类客户对于产品的价值并不敏感，对于他们来说，产品的功能性不需要太强，只要说得过去就行。

时尚型客户更加在乎的是产品的外观够不够时尚，够不够酷炫，能不能吸引眼球，能不能让他们在一众朋友当中显得特别时尚。所以，在为他们推荐产品的时候，有三点是最能打动他们的。

第一点是新。任何新产品，特别是还没有广为人知的新产品，都能让他们格外有兴趣。既然是出于时尚目的去购买产品，那么为什么不购买最时尚的那个呢？

第二点是奇。他们想要利用产品的外观去吸引别人的眼球，相比于普通的产品，显然奇特的产品更能让他们感兴趣。

第三点是美。对于他们来说，功能上的实用远远比不上外形美观。所以销售人员在推荐产品的时候，优先推荐时尚款，在描述的时候也可以将外观当成重点。

3. 实用型。实用型客户正好与时尚型客户相反，他们对于产品的外观并不非常在乎，对产品的性能要求却很高。这类客户非常好识别，因为他们在购买之前，往往已经做了大量的功课。在与他们交流的过程中，他们会表现得比一般客户更加内行，所以和他们交流起来会更加简单。

要想将产品推荐给此类客户并不容易，因为在他们心中早已定下了非常严格的标准。如果没有合适的产品，他们扭头就走的可能性是非常大的。

要想更好地应对此类客户，就必须增加自己的知识储备，用大量的知识和事实告诉客户为什么你所推荐的产品更加合适。这类客户都不是钻牛角尖的人，如果你能够用理论知识说服他们，他们就会改变自己的想法，接受你的意见。

4. 虚荣型。这种客户的需求与其他客户都不同，他们购买产品的时候往往更加在意产品的价格和纪念意义，对功能是否实用、外观是否美观都不是特别在意。他们在购买产品的时候，经常会选择联名款、纪念款或限量款——或用来收藏，或当作礼品。

不管出于哪一种目的，这类客户在购买产品之前都会表现得非常挑剔。这种挑剔与实用型客户的表现并不一样：实用型客户的挑剔带有强烈的目的性，而虚荣型客户并没有。面对这种客户，只需要推荐最能彰显身份的产品就能够找准他们的购买点，做出最合适的推荐。

5. 经济型。经济型客户是一种最为单纯的客户，他们对产品有需求，但是苦于囊中羞涩，只能选择价格比较低廉的产品。我们很难一眼看出客户是否是经济型的，因为很多经济型的客户在经济状况这件事情上格外敏感，拥有非常强烈的自尊心，会尽力掩饰自己在经济状况上的窘迫。

要想更好地引导此类客户，不妨向其推荐性价比较高的产品。如果对方表示自己只需要产品的某一种功能，其他都不需要，那么就基本可以确定这个客户是经济型客户了。这个时候，只要为其推荐最为经济的产品，就能满足其需求。

没有客户会为自己设定一个类型，但是他们的喜好和表现却是实实在在的。要想凸显产品的价值，顺利地将产品销售出去，更好地服务客户，洞察客户的购买心理就显得非常必要了。区分客户的类型，洞察客户的需求，在这一点上经验远比理论知识更加重要。粗略地将客户划分成几类只是权宜之计。要想更好地做到这一点，请在实践中多总结经验吧。

不坐待客户来买，去寻找有购买需求的客户

当今社会的生活节奏已经越来越快，越来越激烈的竞争改变了人们的消费模式，也改变了销售人员的销售模式。过去，在资源匮乏的年代，有了产品只需要坐等客户上门。如今，生产力已经远超过去，客户比产品资源更加宝贵。我们要想在竞争中脱颖而出，只等着客户上门显然是不行的。要自己去寻找那些有购买需求的客户，这样才能在竞争中取胜。

找到有购买需求的客户并不是一件容易的事情，客户的数量虽多，但竞争对手的数量同样不少。这就意味着，如果我们不能用最大的力度去宣传，用最大的力度去寻找，那么只能面对如同千军万马过独木桥一样的同行竞争。寻找客户有一定的技巧。

技巧一：别把寻找客户当成工作。如今很多人将工作与生活分得非常清楚，认为不该将工作带进生活，会影响生活质量。这样想其实也没什么问题，现代人的生活的确是非常辛苦的，但是一名销售人员却不应该这么想。

销售就是与人打交道的工作，生活当中会碰见无数人，你永远不知道谁

是你的潜在客户，谁又是你的下一个客户。我们可以将其他的工作事项放在生活之外，唯独寻找有需求的客户这一点，需要我们每时每刻注意着，因为有需求的客户是无处不在的。

可能你日常生活当中的某个群体，就是有购买欲、有购买能力的群体。

某保健品公司的年轻销售人员小A，在工作时间拼命地跑业务，但收效甚微。由于平日里将大部分精力都放在了工作上，他基本没有时间锻炼身体。

一天晚上，小A在下班的时候路过一广场，看到了跳广场舞的人群。他灵光一闪：这不就是锻炼身体的好机会吗？于是，广场舞阿姨中间多了一个小伙子。

小A在工作时练就了好口才和不错的亲和力，很快就和阿姨们打成了一片。当阿姨们得知他是保健品公司的销售人员时，马上就来了兴致，开始主动围着他问东问西。在小A的全面介绍之下，当场就有不少阿姨表示自己需要保健品。没多久，小A的业绩就提高了很多。

我们是销售人员，我们也是人。除了工作，我们还有生活。不管是休闲娱乐，还是其他时候，你所接触的人群中一定会有你的潜在客户，只要肯在生活中挖掘，那就一定能够找到。

技巧二：有购买需求的人未必就是使用产品的人。这个话题我们已经谈过很多次了，因为“购买产品的人就是使用产品的人”是很多销售人员存在的思维误区，所以我们一再强调。不管是找上门来的客户还是我们主动寻找的客户，即便目前不使用产品，但是在未来特定的时期总是会产生一定的需求。

就如同那个推销梳子的故事一样，和尚为什么就不能购买梳子呢？和尚本身不使用梳子，但是上山拜佛的香客却需要。和尚没有想过这件事情，所以和尚没有梳子，却需要购买梳子——这个时候，只要有销售人员发现了这种购买需求，没有头发的和尚也会出钱购买梳子。

一名品牌食用油的销售人员在年底冲业绩的时候遇到了难题，不管是粮油店还是超市，都早已铺货完毕，要想再推销出一批食用油，实在有些困难。一天，他路过一家装修材料公司，突然想到了自己的一段经历。他在装修房子的时候，施工队的负责人告诉他，如果由施工队购买材料，不仅比他自己去买便宜，而且装修材料公司还会给施工队一些礼品。他自己去询问了价格，果然同样牌子的装修材料，施工队拿到的价格要比自己去买便宜。现在正值年底，不正是装修材料公司送礼品给施工队的时候吗？于是他果断地走访了几家装修材料公司，用优惠价销售出了一大批食用油。

有些人群只有在特定时期才会对特定的产品产生需求，而敏锐地抓住这种需求，正是一名好的销售人员应该具备的条件。

技巧三：交换资源有利于扩大潜在客户群体。都说同行是冤家，对于销售人员来说却未必如此，即便都是销售人员，在不同的行业里也并不冲突。每名销售人员都需要走访大量的客户，其中有些未必对你推销的产品有购买欲，但可能想要购买其他产品；而有些客户可能对两者都有需求。多结识一些其他产品的销售人员，对于扩大自己的潜在用户群有着极大的帮助。

小陈是一家培训公司的招生人员，实际做的事情和销售人员相差无几，都是找客户。小陈每天都趁学生放学时间去不同的学校门口发传单，赠送小礼品，寻找生源。时间久了，他发现一家艺术培训公司的招生路线跟他所在的公司差不多，于是主动上前跟招生人员攀谈，一来二去，两人就认识了。

一天，艺术培训公司的招生人员突然给小陈打来电话，说他那里有一个家长想要为孩子报一个辅导班，这让小陈喜出望外。同时，小陈也明白了，双方的客户群体有着极高的重合度。如果能够互相帮助，那么寻找客户这件事情将变得更加轻松。就这样，小陈和对方达成了协议，在招生方面互相帮助，很快双方业绩就都得到了提升。

社会竞争是激烈的，但并不是所有人都是你的敌人。销售人员要想找到有购买需求的客户，那就需要广撒网——要从别人想不到的地方寻找客户，要利用一切可利用的资源来寻找客户。毕竟，客户是销售活动当中不可缺少的，也是销售人员最在乎的。

与客户共情，站在客户的角度考虑问题

共情，指的是体验他人内心感受的能力，是一种感受他人想法，站在别人的角度去思考问题的能力。通俗地说，共情就是换位思考。销售人员要想让客户购买产品，站在客户的角度去思考是非常重要的。我们需要思考的地方有很多，其中每一项都能改善我们的销售方式，提高我们的销售效率。

我们要与客户共情，要站在客户的角度去思考问题，有几个先决条件是必须具备的。

首先，我们要知道客户想要怎样的产品。每种产品在生产之初就确定了其功能与用途，但是类型多样的产品往往让客户眼花缭乱。我们不可能将产品的所有特点一下子全丢给客户，太多的信息会让客户难以判断是否需要该产品。我们在宣传的时候就需要有侧重点，并且将侧重点发挥到极致。只有这样，我们才能确定产品是否是客户想要的。

如果我们不知道客户想要怎样的产品，那么从宣传到推荐就都会出现问题，难以找准客户的购买需求。

其次，我们要知道客户为什么不购买产品。客户不购买产品的理由有很多，或许是因为功能不能满足需求，或许是因为觉得产品的质量不过关，又或

许是因为价格太过昂贵。不管是哪种原因，都揭示了产品需要改进之处。销售人员虽然不能直接决定产品质量的好坏，但是可以在客户对产品出现错误认知的时候进行纠正。

如果在这一点上我们不能与客户共情，那么就会出现客户不肯购买我们的产品，而我们却不知道哪里出现了问题的状况。如果是因为我们给客户传递了错误的信息，如果是因为我们的宣传力度不够，如果是因为我们没有将产品的信息描述完整，那么丢掉这个客户就太可惜了。更何况，客户不肯购买产品还可能是因为产品之外的缘由，如安装、运输麻烦，担心售后服务不到位等。只有与客户共情，我们才能解决出现的问题。

最后，我们要知道客户为什么购买我们的产品。有人可能会好奇，既然客户已经购买了我们的产品，想必是因为我们的产品让客户非常满意，为什么还要了解客户购买的原因呢？

作为一名销售人员，销售一件产品并不是我们的目标，也不能帮助我们立即成功。我们需要的是销售出一件又一件产品，只有不停地销售出去产品，我们才能取得成功。既然如此，得知客户购买产品的原因就显得非常有必要了。

只有与客户共情，得知客户购买产品的原因，我们才能将产品的优点进行放大，实现一次又一次成交，销售一件又一件商品。

既然我们已经知道了与客户共情的先决条件，那么接下来就可以寻找与客户共情的方法，以便得知客户在购买产品的过程中到底在考虑什么。

1. 自己亲身体验产品。没有什么比自己亲身体验更能明白产品优劣、更能体会客户的感受了。很多销售人员很少使用自己销售的产品，只是知道一些理论知识，这就导致了他们根本不知道自己销售的产品究竟好在哪里、坏在哪里，在为客户推荐的时候也只能照本宣科，缺少重要的体验、感受。

客户是非常重视体验、感受的，例如客户在购买衣物、鞋子的时候经常会询问面料是否透气。如果销售人员本身没有体验过产品，那么只能根据自己的经验和产品资料来进行说明。这样的说明很难让客户彻底信任，因为缺少了亲身体验这一重要环节。

你留意过高级婴儿车和普通婴儿车的区别吗？只要留意过，你就会好奇为什么两种婴儿车的价位差距如此之大。这是因为两者从设计理念开始就有着截然不同的区别。高级婴儿车的设计成果是设计者与客户共情，亲自体验产品的结果。

你没有看错，是亲自体验产品。有设计者亲自体验了自己设计的婴儿车，体验结束以后，他总结了两点不足。

第一，高度不对。婴儿坐上去看到的都是别人的屁股。

第二，缺乏安全感。如果你是一个婴儿，在陌生的室外场景中，却看不到亲人的脸，是不是一件很不舒服的事情？

于是，新的婴儿车就诞生了。绝大多数高档婴儿车都采用了同样的设计，因为这是设计者亲自体验后做出的合理设计。

2. 让身边的人体验产品并给出感受。有人可能不理解，明明是要销售人员与客户共情，让身边的人体验有什么意义吗？答案是当然有，而且意义绝对不逊于销售人员亲身体验。

很多时候客户选择一件产品，往往是由于你意想不到的原因。销售人员算是半个专业技术人士，很容易就能从专业的角度鉴别出产品的优劣，所以有些时候并不能真正做到与客户共情。如果能够寻找一些非专业人士来体验不同的产品，也许你会看到一个全新的选择产品的角度，获知一个你从没想过做出选择的理由。这些你可能永远都不会想到的事情，可能就是你的客户做出判断和选择的依据。

3. 体验整个购买流程，你才知道客户究竟经历了什么。销售这件事情有些时候并不仅仅是产品和金钱的交换，交易过程中客户的体验也非常重要。往往促使客户做出选择的，未必是产品本身。

亲身体验购买流程，你就能感受到产品的销售过程是否复杂，客户等待的时间是否太长，产品的运输是否麻烦，每个环节中的服务人员是否尽职尽责。如果哪个环节出现了问题，也能在第一时间进行处理、改进。

与客户共情的方法有很多，但是最重要的还是销售人员要热爱自己的工作，将为客户服务当成销售的核心工作去做。一味地想着怎么从客户口袋里掏钱，而不是想着自己所提供的服务是否对得起客户的消费，只会导致越来越多的客户在交流的过程中感受到你是个唯利是图的人，会本能地拒绝你所推荐的产品。

既“专”又“杂”，当好客户的购买顾问

“专”和“杂”，看起来是截然相反的两极。一般情况下，我们强调要“专”，毕竟人的时间和精力都是非常有限的，做到事事精通几乎是不可能的事情。但是，我们是销售人员，要为客户答疑解惑，很多时候客户提出的问题会超出我们的专业范围，仅仅对自己销售的产品专业，是难以让客户满意的。

我们要做到既“专”又“杂”，这样才能成为客户的购买顾问。

我们要兼顾“专”和“杂”，这有一定的难度。我们要使用一定的技巧，让我们做到又“专”又“杂”，做到让客户满意，让客户产生我们什么都懂的印象。我们不妨来看一个场景，看看一个既“专”又“杂”的销售人员是怎么让客户满意的。

某品牌手机销售人员接待了一位客户。

销售人员：“先生，您好！您先随便看看，需要什么请跟我说。”

客户：“你能把那个拿出来给我看看吗？”

销售人员：“好的，先生。您可真有眼光，这一款是今年最新款的手机，续航时间长，32GB的内存也能满足日常需要。”

客户拿着手机翻看了一下，询问道：“我之前在网上看，说这个手机屏幕是1080P的，这是什么意思啊？”

销售人员：“1080P指的是分辨率，一般是1920像素×1080像素。”

客户：“哦，我明白了。那这个像素够清晰吧？”

销售人员：“是的，这点您放心，现在市面上三千多元的手机基本都是这个级别。这个分辨率的手机看起来没有颗粒感，画面细腻。”

客户：“这样啊，谢谢，我懂了。我平时很少摆弄手机的，就是接打电话，偶尔听歌、看电影。”

销售人员：“那这款手机就很适合您了。您要知道，不是分辨率越高，显示效果就一定越好，因为分辨率还会受到屏幕尺寸的影响。同样是480像素×800像素的分辨率，在2.8英寸和4.0英寸的屏幕上显示同样的内容，肯定会是4.0英寸的更清晰。因为分辨率再高，屏幕太小的话，也是没有用处的。我们这款手机是4.7英寸屏幕，正好适合平时放松时看电影。”

客户：“那太好了。”

在这次对话当中，客户显然是对销售人员非常满意的——不仅回答了所有的问题，还能在某些方面与客户产生共鸣。这就是做一名既“专”又“杂”的销售人员所能取得的效果——更好地为客户服务，找到让客户更加满意的产品。

那么，怎样才能做到既“专”又“杂”呢？在讨论这个问题之前，我们首先要知道“专”和“杂”分别指的是什么。

“专”是一名销售人员的基本能力，要求我们对自己销售的产品必须有深入的了解，不仅要清楚一件产品或者一个系列产品的优缺点，还要知道大量相关专业知识。例如，手机销售人员应该知道储存与内存之间的区别，这样推荐的时候才能向客户解释清楚。更重要的是，销售人员要用专业知识将产品优势量化，而不是单纯用“好”和“不好”来形容。例如，手机信号的强度如果能够量化，那么用户就能更加清楚产品的优势在哪里，而不是感觉差不多。

“杂”能够让你更好地为客户服务，能够让你与客户毫无障碍地交流。世界上没有两个完全一样的人，仅仅是日常生活中的关注点不同就会导致两个人知识上的不对称。作为一名销售人员，应该博学多才，与我们销售产品有关的东西都应该了解一点，这样当客户询问的时候，你才不会因为对此一无所知而无法回答。而且，当你向客户讲解，客户不能理解时，你可以利用你的“杂”在客户熟悉的领域做出恰当的比喻，让客户更能明白你的意思。

要想做到“专”，除了要熟悉自家的产品，还需要熟悉同行的产品——不仅包括对方产品的优缺点，还包括具体参数，这样在进行比较的时候才能够更好地让客户明白。此外，产品的发展历程、品牌的发展历程，甚至一些与产品相关的历史问题，都是一名销售人员应该知道的。

做到“专”不是容易的事情，做到“杂”就更难了。世界上发生的事情那么多，我们不可能面面俱到。我们只能在小范围内实现“杂”，在这一过程中就必须要有明确的目标。

热点事件是我们必须了解的。人们每天讨论最多的就是热点事件，其中包括国内外大事、明星八卦、最新的影视作品等。客户了解这些事情，我们也了解这些事情，这样这些事情不仅可以作为交流时的谈资，我们还可以利用这些事情向客户推荐、介绍产品。

与产品相关的新消息也在“杂”的范畴内。科技发展之快已经远超人们的想象，对身处的行业你又有多少了解呢？这看似与销售无关，却非常重要。我们很难有机会主动和客户谈起这方面的事情，一旦客户主动提起了，我们就必须要知道。即便这些内容与专业无关，但如果我们无法应答，客户只会认为我们不够专业，这会大大降低客户对我们的信任度。

都说相声演员的肚子是杂货铺，一名销售人员也该如此。面对客户时，既“专”又“杂”能够让我们灵活处理各种情况，不管什么问题都能提供最好的解答。这不仅能让客户买到最合适的产品，还能带给客户好心情。

第三章

怎样帮客户发现自己的需求

再好的产品，缺少欣赏的眼光也是没有意义的。很多销售人员在面对客户的时候找不到销售的“抓手”，因为客户不知道自己需不需要产品，不知道自己想要什么样的产品。其实，这也反映出了销售人员自身的问题——作为销售人员，我们要帮客户发现需求，满足客户需求，这样才能彻底解决客户的问题。

再好的产品也无法适合所有客户

许多销售人员在销售产品的时候会遇到一种奇怪的现象：客户有购买需求，我们的产品也不差，销售人员费了不少口舌，客户也反复斟酌，最后却以不合适为由拒绝购买产品。这种现象让很多销售人员感到沮丧，觉得一定是自己哪里做得不好，甚至对自己是否适合做销售工作都产生了怀疑。其实大可不必，销售工作就是这样的，有些时候产品不错，客户也有需求，但双方还是难以达成共识。

没错，销售就是一个供需双方达成共识的过程——客户想要什么样的产品，销售人员推销什么样的产品，在用途、性能、价格等方面达成一致就可以成交了。如果没能交易成功，那就说明双方没能达成一致，说明产品并不完全适合客户。

这与产品的好坏无关，只与客户的需求有关。客户的需求种类很多，最简单的就是对产品功能的需求。如果详细划分，那种类就数不胜数了。客户想要买到100%符合自己心意的产品千难万难，所以才会犹豫、斟酌。

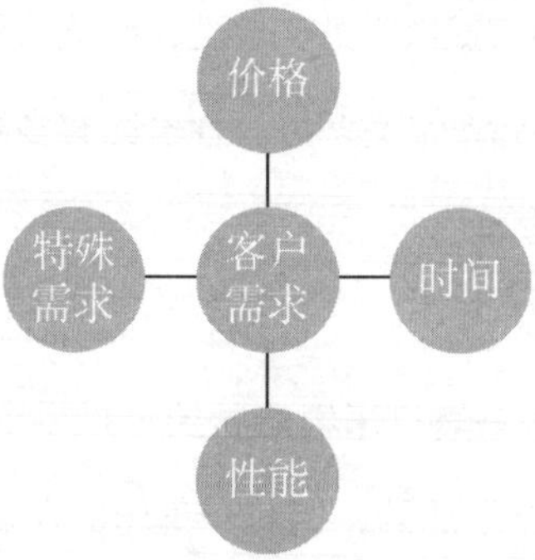

销售人员要明白一点，再好的产品也无法适合所有客户，总会有以下几方面让客户觉得不合适。

1. 价格上无法达成共识。这与客户的经济状况无关，价格是否合适主要看客户的需求。很多时候客户觉得产品太贵，不是因为产品本身的价值不值那么多，而是因为这件产品对于客户来说只值这么多。

例如，我想要购买一双鞋，要求舒适、美观，销售人员为我推荐了一双鞋。这双鞋囊括了世界所有顶尖科技，透气、减震、保护功能都是最好的，经久耐用，10年不坏，而且与某时尚大牌联名，全球限量100双。当我询问这双鞋子的价格时，销售人员告诉我要10000元。

这双鞋值10000元吗？在需要这双鞋大部分功能的客户眼中当然是值的，甚至远远不止10000元，几年以后上涨到20000元、30000元也是有可能的。但是，对于当下的我来说，只有美观、舒适这两条有意义。隔壁商店那双1000元的鞋就能满足我的需求了，花10000元买双鞋我无疑浪费了9000元。

2. 时间上无法达成共识。客户对产品有需求，特别是有紧急的需求，对于销售人员来说是一件好事，因为这类客户会因为急用产品而降低对产品的要求，变得不那么挑剔，更容易成交。但是，有些时候客户太着急，导致销售人员并不能做好万全的准备。

或许是因为产品没有调配到位，或许是因为负责后续服务的人员太过忙碌，不能在第一时间为客户提供服务，总之，可能有种种原因会导致客户与销售人员无法达成共识。不管产品有多好，性价比有多高，心急如焚的客户也不能等待，所以只能放弃成交。

某乐器经销商曾遇见过这样一件事，某大学是他们长期合作的客户之一，有一天学校的负责人突然打来电话，要一批乐器，并且一周之内就要送到，因为学校将要举办一个活动，但有一车乐器在运输过程中出现了不同程度的损坏。经销商得知这个消息也是无能为力，因为其中几件乐器要从日本调配，一个星期是肯定不能到货的。学校得知这个消息以后，当即表示终止合作。

3. 性能上无法达成共识。产品和人一样，有的是“全才”，有的是“专才”。或许对于客户来说，一件样样都行的产品未必就比一件在某一方面做到极致的产品更有价值。产品的参数也是有阈值的，哪怕阈值只低一点点，可能也没办法满足客户的需求。对于客户来说，只要有一项不达标，那产品就是毫无意义的。

4. 客户对产品有特殊需求。世界上没有两个完全相同的人，客户难免会有一些特殊需求。

举个极端的例子，某人来到水果摊前，询问苹果甜不甜。摊主自然要夸自家的苹果又甜又脆又好吃。这个人听完转身就走了，边走边说：“今天就想吃点酸的。”

是摊主的苹果不好吗？自然不是。又甜又脆显然已经满足了绝大多数客户的需求，但偏偏这个客户想要吃酸的，那么摊主卖的苹果显然是不能满足需求的。苹果没有错，摊主没有错，客户也没有错，唯一的问题是客户的需求是“特殊”的，双方无法达成共识。

再好的产品也无法满足所有的客户，总会有客户对产品不满意。面对这种情况，销售人员应该怎样做呢？我们没办法改变产品，也没办法改变客户的需求，但是我们可以选择客户，我们可以去寻找那些适合我们产品的客户。

要想找到这些客户，我们必须全面了解我们销售的产品。不管什么时候，不全面了解自己的产品的销售人员都是不称职的。产品好在哪里？存在哪些问题？与同类型产品相比最有竞争力的地方是什么？只有明白了这些事情，才能确定我们的目标客户。

除了解产品之外，我们还要了解客户，这就要求我们必须知道不同人群的特点。我们可以将年龄、职业、经济状况等作为主要因素制作一个表格，根据不同人群的不同需求为我们的产品划定一个范围，以便确定潜在客户群体。

产品好，销售人员够专业，客户确实有需求，这三项是交易达成的必要条件。但有些时候交易并不能水到渠成，甚至不能成功。这不是谁的错，只能说明再好的产品也无法适合所有客户。所以销售人员也要明白，合适的客户比优质的产品更加重要。

选对客户：只在有鱼的地方钓鱼

作为一名销售人员，如果选择了一款缺乏前景的产品进行销售，那么自己的前途也会像这款产品一样走向黯淡。选择产品固然重要，但选对客户更重要。有些时候一件产品看似毫无价值，只是因为你没有找到合适的客户。要想找到合适的客户，销售人员就必须要去对的地方，因为在有鱼的地方才能钓鱼。

在有鱼的地方钓鱼，是尽人皆知的道理。大家是为了钓鱼而来，若是没有鱼，还谈什么钓鱼呢？但是有些时候，你并不知道钓鱼的地方是否真的有鱼，“有鱼”有时也可能是一种假象，等待了许久也没有动静。

某银行的信用卡销售人员考察了一栋办公楼，他认为这栋办公楼里公司密集，在这上班的一定都是白领，推广信用卡一定会非常容易。因此，他每天都会趁午休时间去推广信用卡，但没有想到的是，将近半个月的时间过去了，他居然一个客户都没有找到。

回到公司以后，他万分沮丧，向一位前辈询问自己到底哪里做错了。前辈听了他的遭遇后，笑着对他说："这个错误不仅你犯过，很多人都犯过。去没有鱼的地方钓鱼，怎么会有收获呢？你为什么觉得那栋办公楼里会有很多人办理信用卡呢？"

他回答道："那栋办公楼里有很多公司，肯定有不少喜欢追赶潮流的年轻人。他们有一定的收入保障，生活开销又很大，再加上现在正是毕业季，新入职的年轻白领不正好是最合适的客户人选吗？"

前辈语重心长地说："表面看起来是这样，似乎有很多潜在客户，但如果你仔细了解一下就会发现，那里的潜在客户并没有多少。那栋办公楼里虽然有很多家公司，但是规模都不大，效益也不怎么好。在那里工作的年轻人以刚毕业的大学生居多，目前的工作大都是他们的第一份工作，而且工作时间不会长久。他们的经济状况不稳定，鲜有办理信用卡的想法。你找错地方了。"

这名销售人员犯了一个典型的错误：在没有鱼的地方钓鱼。很多地方看似有鱼，其实并没有。要确定一个地方究竟有鱼还是没有鱼，适合不适合钓鱼，需要做的功课很多，不能仅仅靠着自己的分析和想象去执行，那样只是在浪费自己的时间。

钓鱼要选对地方，判断哪里有鱼，哪里没有鱼，是有一定技巧的，选择客户也一样。

第一步，判断产品的基本定位。不同的产品、不同的定位，面向不同的用户群。例如，保健品销售人员不能去大学城附近这种年轻人聚集的地方找客户，一些新奇产品的销售人员不适合去老年人比较多的小区找客户。这一点是最基本的，也是最简单的。

第二步，不要想当然，水里有没有鱼是看不出来的。当你得知了自己所销售产品的定位，并且圈定了一些目标客户以后，就应该开始做一些排查工作了。有人说，水里有没有鱼总要自己试过才知道。排查工作本身就要花费大量的时间，如果再花费几天时间亲自去尝试，才知道水里没有鱼，那么你的时间成本就大大提高了。

我们采用的排查方法要以观察、询问为主。身边的同事、了解该地区的人，甚至是小区保安、大厦管理员都可以成为我们打探情报的对象。如果我们得到肯定的回答，就值得一试；如果我们得到的答案模棱两可，那么可以浅尝辄止；如果直接得到了否定的回答，那么我们应该庆幸还没有亲自去尝试。

第三步，找到池塘里最有可能上钩的那条鱼。很多销售人员为了保证效率，经常会采用广撒网的方式，一次性联络大量的客户。这种做法并不能保证效率，有些时候专攻几个客户才是最好的选择。

每个人的时间和精力都是有限的，如果广撒网，同时联络大量的客户，花在每个客户身上的时间和精力就非常少，这样就很难判断出到底哪条才是最有可能上钩的鱼。我们不妨将客户划分成不同的批次，一次专攻几个客户。一旦有成功的，那就说明我们将会拥有更多的潜在客户。

客户的赞赏是最好的广告，只要成功获得一名客户，那么获得其他客户的难度就会大大降低。前期不必广撒网，到后面你的网会自然而然地变大。你不可能去了解所有的客户，不可能知道所有客户中到底谁有需求，谁没有需求。但是，你的客户在购买了产品以后，很可能出于好意会将你的产品推荐给他认为有需求的人。让客户帮你推广，效率会更高。

选对了客户，你的付出和努力才有回报。选错了客户，即便你付出再多，最终也会竹篮打水一场空。

客户不知道买什么怎么办

销售人员能够卖出产品的一个重要原因就是客户有需求。如果客户没有需求的话，不管你的销售技巧多么优秀，也无法将产品卖给客户。但并不是所有客户都是有目标、有需求后才会与销售人员接触。

销售人员每天接触的人不计其数，会因为各种各样的原因接触到那些丝毫没有购买欲和目标的客户。他们或者是习惯性地闲逛，或者是因为走累了想要歇歇脚，不管客户出于什么原因和销售人员发生了接触，销售人员都应该想办法让客户知道自己有想要的东西，有目标。

说服客户，让客户产生购买欲，听起来不可思议，但实际上并不困难。只要选对了方法，就能让客户产生购买欲。

首先，诱之以利。“天下熙熙，皆为利来；天下攘攘，皆为利往”。任何商业活动都离不开利益，只要有足够的利益，就有可能会让客户产生目标。当然，这种方法并不适合所有产品。俗话说：“闲了置，忙了用。”只有那些经常会被使用的产品才适合使用这种推销方式。

例如，一位客户来到一家化妆品店。销售人员主动迎上前去，说：“女士，您好！请问有什么可以帮助您的？”

客户：“哦，我随便看看。”

“随便看看”说明客户并没有明确的目标。如果销售人员放任客户自己看产品，那么客户很有可能觉得自己没有什么需求，之后就离开了。如果销售人员能有所行动，使用诱之以利的方式，效果可能会非常明显。

销售人员：“最近××品牌的爽肤水正在搞活动，现在购买不仅有折扣，还有小礼品相送。”

客户："那我看看吧。"

这就是诱之以利，让客户产生目标。现在越来越多的商家开始采用这种方式让没有目标的客户产生目标。某超市每天早上都会举办优惠力度非常大的活动。例如，鸡蛋只要一元一斤，这就导致每天早上来超市的人络绎不绝。这些顾客来到了超市，买了鸡蛋，也会顺便买些别的东西。这样一来，超市采用低价销售策略不仅没有产生亏损，还提升了不少销售额。

其次，动之以情。客户没有目标，没有需求，是因为自身并没有什么想要的东西。客户没有，不代表客户重视的人也没有。我们可以提醒客户：他不需要，他关爱的人可能需要。

例如，一位男士走进了一家皮具店，销售人员主动攀谈后，得到了"随便看看"的回答。这位客户转了一圈，并没有发现自己感兴趣的产品。销售人员这时说："先生，本店的钱包和腰带高档大方，用的是最好的头层牛皮，经久耐用。父亲节马上就要到了，选一个钱包或者一条腰带作为父亲节礼物再合适不过了。"

或许客户当下并没有强烈的需求，也没有直观的目标，但是销售人员的提醒，为客户创造了需求。

最后，晓之以理。有些时候客户说没有目标并不是真的没有目标，如一个普通人可能觉得自己的发型没什么问题，但在发型师眼中这个一个月没剪过的发型非常糟糕。在这种情况下，要让客户产生目标，销售人员就必须晓之以理，让客户明白自己不是没有需求，而是还没有发现需求。

每个人都会讲道理，但是对客户讲道理，显然不能用平常的方法，没有人喜欢听人说教。所以，在告知客户有什么需求时，一定要讲究方式、方法。一旦失误，销售人员很可能会惹怒客户，导致这次交易无法成功。

诱之以利、动之以情、晓之以理，自古以来说服他人常用的方法大概可以分为这几种，只不过在不同领域有着不同的表现。

我们可以想办法让客户拥有目标，但是不能急功近利、咄咄逼人。以服务客户为目的是我们一直强调的事情，如果一心只想着让客户产生购买需求，而表现出强烈的目的性，反而会引起客户的警惕。我们不能保证时时刻刻都跟客户站在一起，但也不能让客户觉得我们站在了他们的对立面。一旦客户觉得我们推荐产品仅仅是想要从他们口袋里掏钱，就很难产生购买需求了。

穿上客户要买的鞋子走上一里路

很多销售人员都会抱怨没有回头客，只能在有优惠活动的时候取得不错的成绩，一旦活动结束就被打回原形。那么，问题出在哪里呢？这里很难给出一个明确的答案，因为原因实在太多了。可能是因为产品性价比不够高，同类竞争品比我们的更加优秀，定价不合理，服务不到位，甚至可能因为销售人员的态度不好。

一个问题可能有一种甚至几种答案，要想从中找到究竟出了什么问题，不如亲自体验一下。

穿上客户要买的鞋子走上一里路，你就会知道鞋子是否真的舒适，你的产品是否真的如同你想的那样好。

穿上客户要买的鞋子走上一里路，是非常重要和关键的。要想让客户感受到我们的服务是最贴心的，产品是最合适的，体验是最佳的，销售人员就必须穿上客户要买的鞋子走上一里路。在这个过程当中产生的体验、感受，是我们改善服务的重要依据。

穿上客户要买的鞋子走上一里路，也就是亲身体验客户要购买的产品。在这个过程当中，有几点是我们要注意的。

1. 要体验，那就要做到全程体验。我们所说的穿上客户要买的鞋子走上一里路，并不是让你体验产品从开始使用到不能使用的过程。我们不是技术人员，对产品进行改进也只能在有限的范围内做一些工作。所以，将体验产品作为一个长期任务不是不可以，但不是必要的。

作为销售人员，所销售的不仅有产品，还有相应的服务。我们要进行的全程体验，是体验从购买产品到开始使用产品的过程。这个过程对于销售人员来说，重要性远胜过体验产品质量的好坏。

在这一过程中，我们能够知道客户在购买产品时会遇到哪些麻烦，会产生哪些担心以及不确定的事情。只有解决了这些问题，我们才算了解了我们所提供的产品。

2. 感受客户的体验，从中找到收获。我们穿着客户要买的鞋子走路，可以注意到服务不周的地方，让服务变得更好。可能从一名销售人员的角度来看，服务已经面面俱到了，做了一切应该做的事情，但总有一些小的细节是我们和客户都没有想到的。

客户没有想到，是因为客户不具备销售人员的专业知识。而销售人员没有想到，往往是因为缺少体验，没有发现还可以改进的地方。当一名拥有专业技能的销售人员获得了与客户相同的体验时，那么就容易发现还可以加强、改进的地方。

别人传授的知识只能帮助你快速成长，并不能让你走向成功，只有亲身体验才能让我们走向成功。别人成功的方法，你未必适合，而通过自己体验得到的方法，在能够流畅运用以后，成功概率就要提高许多。

3. 一次体验并不能说明什么，要定期体验。仅仅依靠一次体验，很难做出准确的判断。一定要定期体验，每次体验时都可能有不同的情况出现，或许我们能从中找到一些有用的细节。

天有不测风云，几乎所有的公司都有应对那些令人难以预料的意外的紧急应对方案。我们做销售工作时也应如此，我们不应幻想每一次销售过程都能一帆风顺，这是不现实的。多次体验能够让我们知道可能会碰上哪些意外。

我们可以自己制订一些应对措施，一旦这些意外出现，我们能在第一时间做出正确的反应，以避免束手无策的情况发生。这也是多次体验的重要意义之一。

世上没有完全相同的两片叶子

世上没有完全相同的两片叶子，世上也没有完全相同的两件产品。我们所销售的产品，每一件从某种意义上来说都是独一无二的。绝大多数时候“独一无二”是一个褒义词，人们喜欢独一无二的东西。但是对于产品来说，独一无二会带来很多的麻烦。

独一无二，象征着我们没有办法完全掌控产品。即便看起来完全一样，规格完全相同，售价和运输方式也都是一致的，我们也没办法保证两件产品能有一样的表现，这就给销售人员出了一个难题。

我们偶尔会在销售的时候碰见一个问题，这个问题就是由于产品的独一无二造成的。

客户：“你好，昨天在你们店里购买的电视机送到了。”

销售人员：“好的，那我也就放心了，我刚才还想跟我们的送货人员确认一下，没想到您的电话就打过来了。”

客户：“你们这个电视有问题啊。这个支架，怎么装都装不上。”

销售人员：“这个问题已经不止一个客户向我们反映过了，这款电视机的支架使用起来的确不怎么便利，但一定能够装上。电视机下面的接口对应中间的连接处，两头都能安装，但是底座只能连接在一头。很多客户接错了方向，这就导致了支架无法安装。您不妨将连接口倒过来试试，问题应该就解决了。”

客户：“我已经尝试过所有的办法了，包括你说的把支架连接处的两头调转过来安装，还是安装不上。”

销售人员：“那好，麻烦您等等，我今天下午就去为您解决。”

下午，销售人员来到了客户家里，发现果然如同客户所说，是支架存在问题，不管怎样都不能正确安装。

当客户询问销售人员为什么没带新的支架来时，销售人员回答说：“真的很抱歉，我们电视的支架从来没有出现过这样的问题。我要先确认一下情况，才能回去拿新的支架为您更换。您稍等，我现在就回去拿。”

客户：“那你直接把电视带回去吧，我要退货。”

在以上交流过程中，销售人员显然对于产品的质量过度自信了，一直认为是客户没有正确安装，因此并没有携带新的支架来为客户更换。客户也察觉到了这一点，所以直接选择了退货。这件本来不大的事情，因为客户与销售人员之间没有达成良好的信任关系，最终造成了交易的终止。

销售人员与客户之间最起码的信任是非常重要的。如果客户不信任销售人员，那么这场交易就很难进行下去。若是销售人员不信任客户，客户也会察觉到，会引起客户的反感。

要想为客户提供更好的服务，销售人员就要承认产品的独一无二性，就要知道世界上没有任何两件产品是完全相同的。所以，我们在与客户交流的时候，要注意以下几点。

第一，别把话说得太满。很多销售人员为了将产品销售出去，会将话说得很满，例如：“这件产品保证能使用三年，如果提前坏了，你只管找我。”世界上没有完全相同的两件产品，每件产品都有自己的独特性。即便这件产品的平均使用寿命达到了五年，但三年不出质量问题的保证也太过于冒险了。

很多销售人员敢于在这方面做出保证，是因为有售后保障服务，有三年质保，那么当产品质量出现问题的时候，让售后人员进行处理即可。对于销售人员来说是这样的，但对于客户来说可就不是这么一回事了。很多客户在购买产品的时候追求使用上的安稳。销售人员保证三年不出问题和三年内出现什么问题都可以解决，这对于客户来说是截然不同的。即便每次出现质量问题，销售人员都能想办法解决，客户也会觉得这样是非常麻烦的。

另外，客户在购买产品时对于使用时间是有一个期待值的。三年不出质量问题的说法，对于客户来说是产品质量过硬的保证。如果三个月就坏一次，即便更换了十次，到第十次以后客户就不能再享受这项服务了，那么对于客户来说，产品的真实使用寿命也就只有三年，未必能够达到客户的期待值。产品使用寿命如果低于客户期待值，客户自然会产生不满。

第二，没有任何两件产品是完全相同的，那么就要以客户的意见为准。销售人员是为客户服务的，最终使用产品的也是客户。产品究竟有没有问题，到底能不能正常使用，销售人员说了不算，客户说了算。当客户提出产品有问题的时候，第一时间让客户满意才是最重要的，产品到底和销售人员说的是否一样并不重要。

盲目自信，认为问题出在客户身上，这不能解决任何问题。让客户满意，才是问题的解决之道。当客户表示产品出现了问题的时候，销售人员应该听听客户的说法，相信客户说的是对的。即便最后证明是客户在使用上出了问题，销售人员在态度上也不该有任何不满。

第三，没有任何两个客户是相同的。在销售产品的时候，销售人员不能只想着我们的产品，还要考虑客户的需求。不同的客户在使用产品时会有不同的使用习惯，有不同的使用环境，这都会对产品的表现造成巨大的影响。

在销售产品时，客户的使用习惯和使用环境都是销售人员应该关心的事情。销售人员不仅要告诉客户怎样使用才能更好地展现产品性能，而且要让客户知道产品在不同的环境当中使用寿命是有差异的。只有这样，才能够让客户对我们的产品有清晰的认识。

世界上没有完全相同的两片叶子，也没有完全相同的两件产品。为客户服务，就要以客户为准。

怎样发掘客户的显性需求与隐性需求

显性需求和隐性需求是一名销售人员必须要懂的概念。简单来说，显性需求就是直观的、能一眼看出来的、客户能够明确说出来的需求。而隐性需求是与显性需求相反的，客户很难描述，需要销售人员大力发掘的需求。我们发掘客户的显性需求和隐性需求，不仅能够让产品销售变得更加容易，还能让我们的客户更加满意。

既然显性需求更加容易发掘，我们就先来说说怎样发掘显性需求。显性需求是显而易见的需求，但为什么我们还要使用“发掘”这个词呢？让客户直接告诉我们，不好吗？其实并非如此。人最不了解的往往是自己，当一位客户向你提出自己的需求时，这种需求未必就是合适的。例如，口渴的客户就要购买饮料，肚子饿的客户就要买吃的，但是，买什么饮料，买什么吃的，这就需要销售人员进行发掘了。

一位客户进入了一家美容院，想要去掉自己脸上的一块斑。去掉这块斑，就是客户的显性需求。但是，客户并不知道什么样的产品能够有效祛斑，也不知道怎样的美容方式可以起到祛斑的效果。这就需要销售人员进行发掘了。销售人员可以向客户推荐祛斑产品，告知客户可以利用怎样的方式、经过多少疗程能够取得这一效果等问题。一旦得到客户的认可，那么就已经完成了发掘客户显性需求的任务。

发掘隐性需求往往比发掘显性需求更加重要，更能让客户满意。因为隐性需求不仅客户说不清、道不明，有些时候还是客户显性需求的延伸。现实生活中经常出现客户的隐性需求隐藏在显性需求之中的情况，满足了隐性需求也就意味着显性需求得到了满足。

简单来说，我们可以将客户的隐性需求划分成三类：情感需求、用途需求及显性需求的延伸。

发掘情感需求，需要满足不同人对于产品需求的定位。这种需求虽然不明显，却是划分群体的重要标准。所以，我们在推荐产品的时候，按照定位来进行推荐更容易满足客户的隐性需求。

例如，小米手机在刚开始销售的时候，走的就是廉价、经济的路线。这个定位满足了大部分年轻人喜欢新奇产品又囊中羞涩的状况。但是，小米手机在宣传的时候并没有明确说明这款手机是廉价产品，而是用了“年轻人的第一部智能手机”做宣传。这既没有点破自己经济型的定位，又满足了年轻人喜欢新奇产品但又要求价格低廉的隐性需求，从而积累了大量用户，获得了成功。

要想发掘客户的情感需求，就要足够了解客户，明白客户的经济状况和社会地位。这样才能够更好地向客户推荐产品，满足客户的隐性需求。同样一款产品，可能有精装和简装的区别。对于那些经济状况较好、要求较高的客户，推荐精装产品更能满足对方的隐性需求；而对于那些经济状况一般的客户，为其推荐简装产品，实现基本功能即可。

用途需求是隐性需求当中最简单的一种，这种需求可以转化成显性需求。之所以会出现这种情况，是因为客户没有足够的专业知识，经常会有客户知道自己出现了什么问题，却不知道如何去解决。甚至有些时候，客户只是有不舒服的感觉，却不知道可以使用什么产品改善。

面对这种情况，销售人员需要利用自己的专业知识为客户排忧解难，销售人员和产品的价值就体现出来了。

显性需求延伸出的隐性需求也是比较好发掘的。很多产品之间是具有连带关系的，当客户提出一个问题时，销售人员往往会比客户想到更多、更好的解决方案，但首先要知道客户为什么要购买产品，客户身上到底出了什么问题。

一位客户来到一家美容用品店，对销售人员说："你好，我想要购买××品牌的洗发水。"

销售人员："请问您需要哪种类型的？"

客户："护理型的。"

销售人员："请问，您是一直使用护理型的吗？还是最近发质出了状况？"

客户："我以前一直用去屑型的，最近可能因为工作太忙，头发干枯、分叉的特别多，所以想要换护理型的用一用。"

销售人员："我推荐您再购买一瓶××品牌的护发素。这款护发素搭配护理型的洗发水能更好地解决头发干枯、分叉的问题。单独使用护理型的洗发水，短期内很难改善您的头发出现的问题。”

客户：“是吗？那我再买一瓶护发素好了。”

这就是一个成功发掘客户显性需求延伸出来的隐性需求的例子，可以应用到很多产品的推荐上——不仅是同类产品，不同类的产品同样可以通过延伸来进行推荐。

一对中年夫妇走进一家礼品店，丈夫向销售人员表示想要购买两瓶白酒，妻子立即抱怨说：“买那么多酒干什么？每次去看你战友都喝得醉醺醺的。”

丈夫：“我买两瓶未必都喝完，到时候只喝一瓶，总没问题了吧？”

妻子：“算了吧！我还不知道你们，从来都是买多少喝多少。不许买两瓶，买一瓶就得了。”

丈夫：“上门就带一瓶酒，不好看吧？”

销售人员：“饮酒过量的确对身体不好，尊夫人的担心不无道理。去见老战友的话，不妨再多带一罐好茶，饭后大家一起喝茶，说说话也是不错的。”

妻子：“对啊，你嫌带一瓶酒不好看，再买一罐茶就是了。吃完饭正好喝杯茶醒醒酒，免得每次回家都醉醺醺的。”

买酒的客户，需要的未必只有酒，别的东西也可以起到同样的作用。只要加以提醒，就可以发掘出客户的隐性需求。

客户有需求，销售人员才有希望将产品卖掉。发掘客户的需求，就相当于多了一种产品销售渠道，这也是更好服务客户的途径。

如何“望闻问切”，识别客户的购买动机

人做任何事情都有动机。我们做销售，希望能够服务客户，帮助客户挑选产品，最后客户下单，完成交易，这是我们的动机。而客户的动机呢？我们不得而知。每个人购买产品的动机都有相似之处，但又不尽相同，这种动机就是我们需要识别的。如果能够成功识别客户的购买动机，那么就能够更加有效地为客户推荐产品。

人们做事情的动机，可以简单分成两种，一种是追求快乐，一种是逃避痛苦，这源自人类的本能。客户在购买产品的时候，同样遵循着这两种动机，但是我们要知道，这两种动机是有不同力量的。

哪种动机的力量更加强大呢？人们是更倾向于追求快乐还是逃避痛苦呢？说来你可能不信，相比于追求快乐，人们更加愿意逃避痛苦，并且，两者之间的差距有四倍之多。也就是说，当一个客户购买产品的动机是逃避痛苦时，成交率会更高。

既然如此，我们就要能够识别客户的购买动机，用一定的策略促成客户购买产品，实现我们销售产品的目标。我们可以使用“望闻问切”四种方式，来识别客户的购买动机。

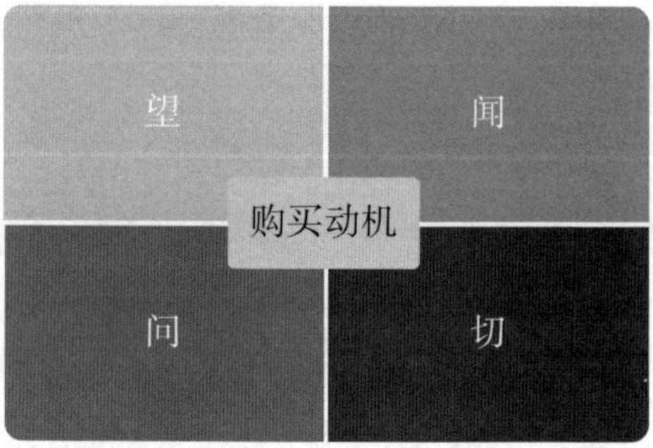

望，就是看的意思，也就是我们对客户的观察。观察客户是每名销售人员都会做的。客户的表情是怎样的，客户的动作是怎样的，这些都有助于销售人员分辨客户当时的情绪。客户的情绪并不能成为我们确定客户动机的关键，却是非常有参考价值的。当一位客户愁容满面地来购物，那么他的动机多半就是逃避痛苦了；但如果一位客户表现得兴高采烈，也并不代表他就是为了追求快乐而购物，所以这只能成为我们的一个参考。

真正有价值的观察，是客户当前所使用的同类产品。例如，一名汽车销售人员在接待客户的时候，发现客户开来的车型较老，而且看起来十分陈旧，那么这位客户的动机十有八九就是逃避痛苦；而如果这位客户开着一辆还不错的车，那么逃避痛苦的可能性就较小，客户的购买动机应该是为了追求快乐。一名手机销售人员观察到客户拿出的手机是几年前的机型，那么客户为了逃避痛苦购买手机的可能性就很大；如果客户拿出来的手机是去年的款式，那么客户购买的动机大概率是为了追求快乐。

“闻”，就是听的意思。在与客户交流的过程中，我们不难判断出客户究竟为什么要购买一件新的产品。

在这里告诉大家一个小窍门，如果客户在交流的过程中经常谈到自己过去使用的产品，特别是经常提到以前的产品有什么不足，那么这位客户的购买动机就是为了逃避痛苦。如果客户并不经常谈论他过去使用的产品，而是将谈话的焦点放在新的、即将购买的产品上，那么购买动机是追求快乐的可能性就大得多。

问，是销售人员最需要掌握主动权的阶段。在这一阶段，我们要想办法补全之前没能得到的信息，做出正确的判断。

我们需要主动询问客户，但是又不能有太明显的目的性，所以询问时必须要有技巧。例如，我们不能直接询问“您之前用的手机大概在什么档次”，人都是有自尊心的，客户极有可能因为掩饰自己经济状况不佳而编造问题的答案。如果我们能够循序渐进地询问，情况就会好得多，如“您之前有过使用智能手机的经验吗”“那您之前使用的手机品牌和型号是什么呢”。这样的询问方式显然更能得到客户诚实的回答，有利于我们进行判断。

切，在中医学当中指的是号脉，往往是诊断病情的最后一个阶段。在销售领域，“切”也是最后的判断阶段。通过使用前面的三种方式，此时我们应该基本了解了客户的购买动机是什么——究竟是为了逃避痛苦还是追求快乐。接下来，我们就需要通过引导，来让客户购买产品。

如果你判断客户购买产品的动机是追求快乐，那么就要向客户说明购买了产品之后能够获得多少快乐，能够有多少好处和便利，从而满足客户追求快乐的动机。如果客户的购买动机是逃避痛苦，那不妨告诉客户，即将购买的产品比他之前购买的产品好在哪里，好多少。

很多销售人员往往在最后一步上用错了方法，经常对着动机是追求快乐的客户大谈这件产品比客户现在用的产品好多少，而当客户详细询问以后，发现其实并没有销售人员说的那样好。这就导致了客户发现新产品并不能带来多少快乐，最后选择不购买。

购买动机是客户购买产品最根本的驱动力。只有了解了客户的购买动机，才能够为客户推荐最合适的产品。

学会观察客户，尤其是肢体语言

在识别客户购买动机的时候，我们提到要使用“望闻问切”的方式来判断客户的购买动机究竟是什么。其中，“望”是第一种方式，是获得信息量最大的方式。因为我们观察客户的时候，不仅能够观察到客户的情绪、精神状况、经济状况，还能看到产品使用状况。在交流的过程中，我们同样要认真观察客户的一举一动，因为这同样能够给我们提供大量的信息，这些信息有利于我们判断客户的情况。

肢体语言的内涵实在是太广泛了，不仅包含躯干、四肢的动作，还包括面部表情等。观察客户的表情能够让我们获得很多意外收获，如果没有特意防备或特别训练的话，大多数人的心情会忠实地反映在面部表情上。客户现在说的话是发自内心的还是敷衍我们的，销售人员都应该有自己的判断。

依据客户的表情，我们还能判断出客户够不够自信。当客户脸上流露出自信和坚定的神情时，说明我们的说辞还没有让客户动摇。而如果客户脸上的表情不够坚定，那说明客户的内心已经有所动摇了，开始倾向于相信我们的说法，那么交易成功的概率就会大大提高。

谈话的主导权反映了哪一方能在交流过程中占据主动。在我们掌控主导权的时候，客户谈话的节奏、语速都会尽量向我们靠拢。这时说明客户已经认可了我们的说法，交易就容易得多。

肢体语言当中，使用最频繁的是四肢动作。即便销售人员与客户坐着交流的时候，客户的肢体语言同样能够向我们透露很多的信息。例如，客户双手交叉在胸前，表示客户很紧张，缺乏安全感。客户缺乏安全感，那么就说明客户对我们是不够信任的。缺少信任，交易就很难成功。在这个时候，我们就要想办法活跃气氛，消除客户的紧张感。即便不能马上赢得客户的信任，也不能让客户带着警惕和我们交流。

在交流的过程中，我们要多注意客户肯定我们的动作。例如，在谈话的时候，如果客户身体前倾，那就说明客户对我们说的东西有兴趣，正在认真倾听。如果客户没有什么动作，但是眼神专注，并且有点头等小动作，代表着客户对我们很认可。有些时候，销售人员会觉得客户一动不动地听我们说话是专注的表现，其实不然。很多时候，客户一动不动，眼睛盯着我们的时候，我们要注意客户的眼神。如果客户的眼神逐渐失去焦点，那就说明客户只是出于礼貌，摆出认真倾听的样子而已，其实已经走神了。

在这里，我们总结了一些客户的肢体动作所代表的含义，大家在与客户交流的时候可作为参考。

1. 嘴巴和下巴区域。当客户将手放在嘴巴和下巴这一区域的时候，说明客户内心已经认可你的想法，已经有了继续交流的欲望。

如果客户将手放在嘴巴附近，说明客户有话要说。至于没有说的原因，可能是因为你正在讲话，也可能是因为虽然已经认同了你，但是内心觉得还需要继续观察一下。

如果客户将手放在下巴处，同样代表客户正在犹豫，可能是因为客户内心有疑问，也可能是客户在考虑要不要答应你。这个时候，不妨让客户发表一下自己的意见，也许会有意想不到的收获。

2. 鼻子区域。鼻子这个区域不仅对人的健康至关重要，在表达意见的时候同样能反映出客户的情绪。在客户觉得不舒服的时候，就会情不自禁地用手揉鼻子或者捏鼻子。这个时候我们就不要继续说下去了，不妨问问客户，对于你刚才说的事情，他的看法到底是怎样的。

如果客户将手长时间放在鼻子附近，说明客户有一个持续的念头。在这个时候，让客户说话显然能让沟通变得更加顺利。如果这个时候销售人员还继续说下去，那么客户很有可能已经听不进去了，也有可能会忘记自己思考的内容。

3. 眼睛的动作决定了客户到底有没有认真在听。人们在认真听别人说话的时候，眼睛往往只有一种表现，那就是一直盯着某处，或许是说话的人，或许是其他某个地方。

一旦你发现客户开始东张西望，那就说明客户并没有集中精神在听你讲话。客户在你说话的时候按揉眼睛附近的区域，是表示反对的典型做法。客户在你说话的时候，故意不看你，甚至闭上了眼睛，代表客户认为你说的话是一派胡言，已经到了不需要尊重你的地步了。

如果说客户只是注意力不集中，那么你只需要使用一些技巧，或改变谈话的节奏，或讲个能引起客户兴趣的小故事，来让客户重新倾听你的讲话。而如果客户已经到了不想听你说话的地步，努力挽回是没有意义的。这个时候不妨说些能够缓和气氛的话，或礼貌地离开，争取下一次见面的机会。

肢体语言透露的信息实在太多了，虽然我们不能像心理学大师那样，通过几个微表情就能将他人的想法看得一清二楚，但我们多少能够通过客户的一些肢体动作、面部表情猜测出客户当时的心情，以及对我们的看法。所以，多注意观察客户的表情和动作，让客户告诉我们他在想什么吧。

如何挖掘客户的痛点

痛点，是目前营销界都在谈论的事情。只要能够挖掘到客户的痛点，就能够创造出一款成功的产品。对于销售人员来说，痛点是至关重要的。找到客户的痛点，再利用痛点进行营销，就能够让客户迅速地买下产品。痛点如此重要，挖掘痛点却不是一件容易的事情。

在挖掘痛点之前，我们首先要知道什么是痛点。“痛”的意思比较好理解，就是痛苦、疼痛。客户的痛点，在于得不到满意的服务。销售人员要先学会寻找客户的痛点。

每个人身上都有痛点，只不过这些痛点未必都与我们销售的产品相关。我们需要找到的，是那些与我们销售的产品、提供的服务相关的痛点。

寻找客户痛点的第一种方法是与客户交流。作为一名销售人员，我们有很多可以参考的东西。客户的投诉，客户的抱怨，客户的不满意，都是我们需要重点关注的内容。将这些内容整合起来，我们就会很容易发现客户到底对什么不满意，客户的痛点到底在哪里。而我们作为销售人员，除了要关注与产品有关的痛点外，还要关注服务上的痛点。

与产品有关的痛点能够保证我们在推荐产品的时候不会出现错误，而服务上的痛点能够帮助我们将服务做到尽善尽美。当我们提供的服务能够解决之前有关客户投诉和抱怨的所有问题时，就基本解决了客户在这方面的所有痛点。

寻找客户痛点的第二种方法是找竞争对手了解情况。不管我们销售的产品是什么，总是有竞品存在的。不管我们提供什么服务，也不可能是独一无二的。竞争对手和我们的策略不可能是完全相同的，不管是谁在竞争上占了上风，对方的策略也都是有可取之处的。

要想找到客户的痛点，我们不妨去体验竞争对手所提供的产品和服务是什么样的。一方面，我们可以从他们的做法中了解到还有哪些我们所不知道的客户的痛点；另一方面，可以分析对方的做法，取其精华，去其糟粕，这样一定能够极大提高我们的销售效率。

寻找客户痛点的第三种方法是通过网络寻找。智能手机的流行让每个人都拥有了上网的机会。客户在使用产品的时候，对于产品有哪些期待，对于销售人员的服务有哪些不满，都是能够在网上找到的。搜集网络上的信息，有助于我们找到客户的痛点，进而改变我们的销售方式。

网络上同行们提供的信息也能给我们很多帮助。很多公司都会制作调查问卷和数据报告，这些通过大量的调查得出的数据能够给我们很大的帮助，甚至可以直接告诉我们目标客户是怎样的人群，具体是怎样分布的，不同的人群有着怎样的痛点。

寻找客户的痛点，是寻找客户表现得较为明显的痛点。而挖掘痛点，是找到一些其他人没有发现的痛点。挖掘痛点是很困难的，以下三个方面可供参考。

挖掘客户痛点，就是找到那些人人都需要却没有人做的事。作为销售人员，我们要为客户提供服务，最终是为了提高产品的销售量。别人不提供的服务，我们可以提供，这样就能解决客户的痛点。

一家快递公司的区域负责人发现，该区域属于老城区，大部分小区都没有门卫，而且住户以老年人居多。但是，快递公司的员工还是按照给其他小区客户送快递的方式来送货，要么客户亲自下来取，要么放在附近的某个快件存放点。寄快递同样如此，要客户亲自到楼下和快递员进行交接。

于是，这位区域负责人要求该区域的快递人员在送这些老式小区的快件时，一定要亲自上楼，将快件送到客户手里。这一下子就解决了该区域客户的痛点，很多老年人上下楼取快件是非常辛苦的，很多重物搬运到楼上更是有很大的困难。该区域负责人直接找到了客户的痛点，之后几个老式小区的客户不管是寄快递还是收快递都要求使用该快递公司。

挖掘客户的痛点，还可以将服务链的两端延长。对于销售人员来说，客户的痛点往往在于没有得到足够的服务。例如，很多销售有完整的服务流程，从前期咨询、购买到送货上门、售后服务。如果我们能够加上定期回访，询问客户对产品使用的感受，主动提醒客户如果产品出现问题可以申请售后服务等，客户会不会觉得更好呢？这里只提供一个思路，具体如何延长服务链，如何提供其他销售人员未能提供的服务，找到客户的痛点，才是问题的关键。

挖掘客户的痛点，还在于创造客户本来没有的痛点。很多时候，人长期生活在一个环境当中，就会将这个环境中的一切状况看作理所应当。如果销售人员能够让客户知道他们现在过得并不好，能够让客户知道购买了产品以后，他们的生活会变成什么样子，那么客户就产生了痛点。这个痛点来源于销售人员的宣传，来源于销售人员描述的美好生活。到了这个时候，客户才知道自己习惯的生活是具有痛点的。

对于销售人员来说，痛点就是重点，是不能忽视的，是要努力挖掘的。但也要注意，痛点并不等于需求：需求包括痛点，但痛点不包括需求。要想将产品销售出去，归根结底是要满足客户的需求。痛点营销只能作为营销的一部分。与其将工作重心放在痛点上，不如想办法完善工作当中的每个环节，不管什么时候都能让客户满意。

客户期望的三个层次

我们在生活当中，都会购买产品。在购买产品之前，你对产品会有怎样的期待呢？当产品给你惊喜的时候，你是否会增加购买产品的欲望呢？

客户对于产品的期望可以分为三个层次，这三个层次与客户对产品是否满意紧密相连。销售人员能否将产品很好地销售出去，也与客户的期望息息相关。

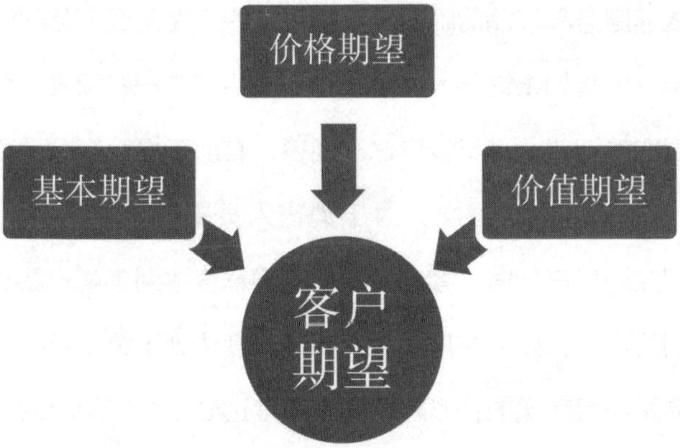

客户期望的第一个层次是基本期望。在这一阶段，产品需要满足客户的基本需求，实现应有的基本功能。例如，客户在购买一瓶洗发水的时候，基本期望就是把头发洗干净。这是客户对产品是否满意的底线。能够满足基本期望的产品，客户未必满意，但如果不能满足这一期望，客户一定不会满意。试想一下，你购买了一款产品，却发现这款产品连最基本的功能都无法实现，那么不管做出怎样的补偿，你都不会增加一丝一毫的满意度。

客户期望的第二个层次是价格期望。在这一阶段，要想让客户满意，产品质量就必须要对得起产品的价格。单看一件产品，我们很难说这件产品是否对得起价格。但进行一下横向比较，产品是否对得起价格就一目了然了。竞争对手销售的产品是一个什么样的价位，这个价位的产品能够实现怎样的功能，销售人员又能提供怎样的服务，客户会进行对比，看哪种产品能满足自己的期望。

纵向比较同样能够让客户知道产品是否能够满足他们的期望。很多产品为了针对不同的用户群，划分了不同档次。产品基本是同样的，但是附赠的内容、包装都是完全不同的。

客户期望的第三个层次是超出客户想象的价值期望。在这一阶段，要让客户认为产品本身的价值、享受到的服务超过了想象，从而产生物超所值的感觉。这主要依靠服务和产品的附加部分实现。客户在购买产品的时候，很少有这方面的期望，但是如果销售人员能够想办法给客户一些惊喜，那么就能够满足客户这一层次的期望。满足客户这一期望，有助于提升产品满意度。

了解客户期望的三个层次，对于销售人员来说是非常有用的。简单来说，如果我们在销售产品时，客户对我们的满意度达到了第一层次，客户就有可能购买我们的产品；如果客户对我们的满意度达到了第二层次，客户就会认为我们的产品是值得购买的；当客户的满意度达到了第三层次的时候，只有客观因素能够制约客户购买我们的产品，主观上客户是非常愿意购买我们的产品的。为了更好地销售产品，我们要想办法满足客户对产品第三层次的期望。

其实在客户接触我们之前，就已经有一定的期望了，因为客户在购买产品之前总是会通过各种各样的方式，或多或少地对我们的产品有一些了解：可能源于企业的广告宣传，可能是通过身边人的描述，又或者源于本人过去的亲身经历。不管是哪一种方式，我们要想满足客户第三层次的期望，只能采取两种办法。

第一种，在提供服务的时候，比别人更好。满足客户的期望并不是一件容易的事情，随着市场竞争愈发激烈，对销售人员提供的服务的要求越来越高。很多时候，企业或销售人员自己会有一定的工作流程和服务范围，超出这个范围就不会提供服务。

但是，如果竞争对手提供的服务优于我们，那么客户在享受我们的服务之前就会被拉高期望值。一旦发现我们的服务水平低于竞争对手，那么客户就不会得到满足。例如，在我们面对客户的时候，给出了“三个月包退换，一年保修”的承诺。而竞争对手呢？给出了“一年包退换，三年保修”的承诺。客户如果事先了解过竞争对手给出的承诺，就会拉高期望值，对于我们提供的服务就会不满意。

所以，销售人员在向客户提供服务的时候，一定要了解行业的平均水平是什么样的，我们的主要竞争对手为客户开出了怎样的条件。

第二种，注重兑现承诺。不管是在企业宣传产品的时候，还是销售人员推销产品的时候，都会对产品的使用、后续服务做出承诺。将产品销售出去，只不过是满足客户期望值的开端而已。如果销售人员不能兑现自己的承诺，没有满足客户的期望值，那么就会失去大量的潜在客户。一位客户带来的负面影响是你无法想象的，至少这位客户能够告诉他身边的人，这名销售人员是不守信的，说的话不能相信。

时间越长，不兑现承诺造成的影响就会越来越大。特别是在销售人员想要树立口碑、打造个人品牌的时候，这种影响是致命的。所以，销售人员一定要兑现自己的承诺，哪怕要付出巨大代价，或者整个交易带来的是负收益，也不能违背自己做出的承诺。

满足客户期望，是销售人员提高服务质量的根本方法。客户的期望层次，更是可以反映出销售人员的销售水平。要想成为一名顶级销售人员，就需要努力满足客户的期望，拉高客户的期望层次。

识别客户的购买动机

《产品经理方法论》一书中提到了一件非常重要的事情——产品经理需要时常问自己："客户有购买动机吗？我能否在客户口渴难耐时，递给他半瓶救命水？"

在"客户口渴难耐"这个场景下，客户的痛点就是口渴，背后的需求就是喝水。发现客户需要喝水，就是聚焦客户需求，识别其消费动机。

销售人员也要时常问自己这样的问题：客户有购买动机吗？如何去识别客户的购买动机？

在弄清楚客户想买什么之前，你永远不会知道你能卖出去什么。

在销售过程中，没有任何两个客户会因为同样的消费动机去购买同样的东西。每个客户都是基于个性化的购买动机来实施消费行为的，所以对客户的购买动机了解得越多、越清晰，销售沟通就越顺畅。

客户的购买动机多种多样，常见的有以下几种：习惯驱动、追求方便、追求美观、追求廉价、追求名牌、追求新奇、追求实用。

把握不好客户的购买动机，会让我们丢掉大部分客户。以下关键词和关键问题，有助于我们识别客户的个性化购买动机。

识别客户购买动机的关键词和关键问题

关键词	关键问题
谁	·你在帮谁购买这件商品？ ·谁向你介绍的我们？ ·你的熟人中，谁还用过我们的产品？ ·谁最想拥有它？ ·谁能够左右你的购买决定？
什么	·今天是什么吸引你到这里来，并找到我们的？ ·对你来说，最重要的要素是什么？ ·在你找到喜欢的商品之前，还看到了什么？ ·买了这个产品，你想如何搭配？ ·你更喜欢什么颜色？ ·你更喜欢什么风格？ ·你希望它（产品、服务）给你带来什么？ ·你想达到一种什么样的效果？ ·你是做什么工作的？ ·在产品使用上，你有什么经验？ ·你觉得你的爱人（朋友、领导）最喜欢的是什么？
哪里	·你在哪里看到过同样的东西？ ·它会被用在哪里？ ·你会到哪里旅行？ ·你住在哪里（或你是哪里人）？ ·这个特殊事件会发生在哪里？

续表

关键词	关键问题
为什么	· 为什么你喜欢这种，而不是那种？ · 为什么你想要一个红色（或其他颜色）的？ · 为什么你更关注品牌？ · 为什么你喜欢那个型号或品牌？
什么时候	· 在你喜欢上它之前，你什么时候看到过一样的？ · 什么时候你决定要购买的？ · 你什么时候想要拿到产品？ · 你上次购买是什么时候？ · 你什么时候会用得最多？ · 你想什么时候开始使用？ · 上次使用它是什么时候？
跟我讲讲	· 跟我讲讲你的丈夫（妻子、孩子、朋友、领导等）。 · 跟我讲讲你的计划。 · 跟我讲讲你过去遇到的问题或者你所关心的东西。

第四章

怎样帮客户找到购买产品的理由

购买产品需要理由吗？当然需要。我们要想帮助客户找到购买产品的理由，那就必须要明白客户的想法，从客户的角度考虑问题。

卖方思维→买方思维

作为一名销售人员，我们是卖方，这是我们自己给自己的定位，更是在商业行为中的天然定位。但是，很多销售人员被这种定位局限了思维方式，所以不能将产品顺利销售出去。客户在购买产品的时候，总是会有自己的想法。我们不禁要思考：为什么客户购买这件产品？是产品物超所值，还是被服务打动？相较于市面上的竞品，这件产品又有哪些优势？

要想了解这些内容，那就必须进行思维转换，从卖方思维转向买方思维。思维一旦转换，思考的内容就会有所不同，我们就更能了解客户到底在想什么，也更容易将产品销售出去。

一家快餐店经营的菜品种类非常多，价格也低，但是销量始终不好。到底问题出在哪里呢？快餐店的老板询问了几位客户："下次还打算来吃吗？"几位客户都给出了否定的回答。快餐店老板继续追问原因，客户不约而同地给出了一个回答，那就是菜品的味道一般。快餐店老板觉得客户有些吹毛求疵，因为这家店的价位几乎可以说是整条街上最便宜的，而且菜品颇为丰富，分量很足，可以说性价比已经很高了。

老板向朋友诉苦，朋友听后，只问了一个问题，就让老板哑口无言："你会因为一家店的菜品分量足、够便宜，就一直去这家店吃吗？"老板想了想，给出了否定的回答。人们在吃饭的时候，最重要的考量是口味。一家店即便价格够便宜，分量也足，如果口味不佳的话，也不能算是及格。客户很难给出批评，但也不会给出好评。在有竞争对手的情况下，这家快餐店自然不会成为客户的首选。

将卖方思维转向买方思维，很多事情都会迎刃而解。不少销售人员都有过这样的抱怨："客户为什么不能理解我？明明一个小问题，为什么客户非要不依不饶？为什么客户连一个机会都不愿意给我？……"当你将卖方思维转换为买方思维以后，这些抱怨都能找到答案。

客户为什么要理解你？客户是花钱购买产品、购买服务的。产品与服务出现问题，说明你没有兑现承诺，你的宣传和推荐并不完全是真的。如果客户愿意理解你，愿意给你一个补偿的机会，那只能说明你遇到了一位心善的客户。如果客户不愿意理解你，不想给你任何机会，那也是无可厚非的，客户没有义务，更没有责任包容你犯的错误。

当你购买了一件产品以后，发现产品有问题，你的金钱、时间以及精力都被白白浪费了。你有满腔怒火、许多不满，你又有什么理由原谅那个造成现在这一切后果的人呢？

卖方思维向买方思维的转换可以让你的服务质量更上一层楼。我们的服务能够让客户满意，这是一件好事。如果我们能够继续提高服务质量，那么就会收获更多的客户，让我们在成功的路上走得更快、更远。

7-11是世界上广为人知的零售商店，以服务时间长，客户在任意时间都能找到自己急需的商品而闻名，很多客户都能在7-11商店里找到食用便利、口味上佳的食品。这些食品一直享有盛誉，就是因为7-11一直使用买方思维思考问题。

7-11曾销售过一款炒饭。这款炒饭销量极佳，口碑也不错，是人们选择食品时必买的产品。但是，管理层在尝过这款炒饭以后，毅然将其下架。管理层觉得，这款炒饭并没有达到理想中的口味，口感上有很多欠缺之处。由于当时的生产技术不能解决这个问题，管理层只能暂时停止销售这款炒饭。一段时间以后，技术问题解决了，这款炒饭以全新的面貌再次上架，收获了比之前更多的好评，几乎每次都是刚刚上架就被抢购一空。

很多销售人员苦于没办法改善服务质量，没办法吸引更多的客户。有改善服务质量的想法是好的，但必须站在买方立场上思考。如果盲目改进，只能起到相反的效果。

可口可乐公司有着非常悠久的历史，一直深受全世界人们的喜爱。随着竞争对手越来越多，可口可乐公司也曾有过更新配方，让可口可乐变得更加好喝的想法。在没有考虑过客户想法，没有站在买方立场上思考的情况下，可口可乐公司对配方进行了一次改革。结果，这次改革遭到了全世界客户的抵制，新配方改变了客户们几十年来的口味习惯，让他们喝可口可乐的时候品尝不到熟悉的味道了。

要想为客户提供更好的服务，就必须将思维转换到买方思维上来。闭门造车只能满足自己，只能在一定范围内让自己感觉为客户提供了更好的服务。至于客户的想法，你是一无所知的。我们可以去体验产品和服务，体验整个购买流程，但是如果这一切不是在买方思维的基础上进行的，那么并没有多大的意义。归根结底，若想知道客户的需求，知道客户是否满意，就要将思维转换到买方思维上来。

客户喜欢自己做决定，讨厌推销

每个人都喜欢主导自己的生活，在购物方面，客户可以听别人的意见，唯独不愿意听销售人员的意见。这是为什么呢？还是那个问题，客户始终觉得销售人员是站在自己对立面上的。销售人员越是加大推销力度，客户就越反感，越是觉得销售人员是想要从自己口袋里把钱拿走。

销售人员真的是一心想要从客户口袋里掏钱吗？或许有些销售人员是这样的，但绝大多数销售人员还是希望能够实现双赢，让客户买到满意的商品。那些看似力度极大的推销，也不过是觉得这件产品特别适合客户而已。

既然客户喜欢自己做决定，讨厌推销，那么作为销售人员，不妨在推销时让客户自己做决定。

我们要让客户自己做决定，第一步是让客户决定是否接受我们的推销。很多销售人员都会犯一个错误，认为与客户见面的机会非常宝贵，在见到客户以后，就马上开始喋喋不休地推销产品，客户不仅听得一头雾水，而且会心生反感。随即，客户会打断销售人员的话，然后送客。

是否愿意接受我们的推销，必须要由客户自己来决定。如果采用强制灌输的方法，将产品相关信息快速传递给客户，即便客户对产品有兴趣，也会在被强迫推销以后，变得兴致全无。

如果你给客户一点空间，那么客户也会给你一点空间。当你选择将决定权给客户的时候，即使客户当下没有时间，也会拒绝得相对礼貌、相对留一点空间，不会将话说得毫无转圜之地。推销在很多时候是一个持久战，客户这次没有给我们机会，如果我们给客户留下了一个好印象，也许下一次客户就愿意听我们到底想说什么了。无视客户的想法，强行开始推销，只会引起客户的反感，甚至有可能彻底失去和客户见面的机会。

客户愿意听我们推销，愿意给我们机会，那么我们就可以开始第二步行动了。在第二步行动中，我们要将选择产品的权力交给客户。销售人员的本职工作之一是为客户推荐适合的产品，但是很多销售人员在推荐的时候是存在问题的，因为销售人员比较专业，对产品比较了解，所以在向客户推荐的时候，语气非常强硬。暂且不说推荐的产品到底适不适合客户，单单这种行为就已经让客户非常反感了。有不少客户即便觉得产品合适，也会因为逆反心理而选择拒绝。

将选择产品的权力交给客户，意味着销售人员在推荐产品的时候要更多地使用建议的口吻和语气。用“我觉得”“我认为”“我建议”这样比较委婉的语气来推荐产品，显然会让客户更加满意。很多时候，只要改变一下语气，客户就会愿意尝试一下你所推荐的产品。

最后一步，给客户做购买决定的权力。很多销售人员并不能理解给客户做购买决定的权力是什么意思，因为决定权一直掌握在客户的手里。销售人员应该知道，客户最后在做决定的时候，是根据之前的环节来做判断的：之前双方的交流是否顺畅，客户是否对产品和服务满意，认为价格是否合理，对销售人员的观感如何……

销售人员在客户做决定之前，心里也有自己的判断：这一单已经成了，或者已经没戏了。

如果在客户正式做决定之前，你觉得已经十拿九稳、胸有成竹了，便表现得兴高采烈、手舞足蹈，客户会怎么想呢？客户是否愿意看到这一幕呢？相信不少人都有过这样的经历，在砍价的时候，商家很痛快地答应了你所出的价格，并且表现得非常开心。这个时候，你心里会想：我刚才的价格出高了。我们在销售产品的时候也是如此，销售人员如果表现得太过高兴，客户就会觉得自己被人占了便宜，临时改变购买决定也不是不可能的。

销售人员表现得太过沮丧也不好，客户在评价产品的时候，会综合考虑品牌、配套服务、销售人员的个人素质等因素。如果销售人员露出一副客户不买自己就会吃大亏的神情，那么客户对于产品和销售人员的评价就会大大降低。

最好的办法就是宠辱不惊：虽然已经知道十拿九稳了，但也不能露出狂喜的表情；客户这次不签单，也不能太过沮丧。把主动权交给客户，让客户决定是否成交，才是最好的办法。我们不能给这次见面定性，有资格为这次见面定性的只有客户。

你的产品能够满足客户哪些需求

产品是为了满足客户需求的，在销售产品之前销售人员就必须对产品有一个清晰的定位：我们的产品能够做到什么？我们的产品对客户有多少价值？当一名销售人员能够确定产品可以满足客户哪些需求的时候，也就能明白产品的销售方向是什么，如何将产品销售出去了。

那么，你知道你的产品能够满足客户哪些需求吗？要想知道产品能够满足客户哪些需求，要怎么做呢？其实，这不仅仅是由产品和销售人员决定的，更是由客户决定的。

当一位客户想要购买产品的时候，内心必然已经有了一定的目标，已经产生了部分需求。销售人员则需要抓住这种需求，将产品推销给客户。如果最终双方没有达成共识，交易没能成功，那就说明这件产品并没有完全满足客户的需求。产品没能完全满足客户的需求，问题未必全出在产品上。以下两个是客户觉得需求没有被完全满足的重要因素。

第一，经济因素。客户在购买产品的时候，需求的不仅仅是功能。一件功能完全满足客户需求的产品，定价超出了客户的承受能力，那么就可以说这件产品并没有满足客户的经济需求。

很多企业会推出一系列经济型的产品，这正是为了满足客户的经济需求。在智能手机行业，华为的Nova系列、魅族的魅蓝系列都是为了满足客户的经济需求而推出的。就连一贯将品牌定位看得很高的苹果手机，也推出了价格较低的SE系列。

第二，客户有对服务的需求。我们一再强调，销售人员要服务客户。售前咨询、帮助客户运输产品、安装调试产品、售后服务的联络，都属于销售服务范围。在这个基础上，客户往往有更高的需求，例如在时间上。在客户有很多选择的情况下，谁能够更快为客户解决问题，谁能够更早为客户提供服务，谁就能先满足客户的需求。客户早一天使用产品，就能早一天享受产品带来的便利。

很多人认识华为源于手机，但华为安身立命的业务可不是手机。华为早在研发手机之前，就已经在为欧洲的多个国家提供GSM设备和技术了。华为之所以能够在欧洲站稳脚跟，是因为满足了客户对于速度的需求。华为的设备一旦出现问题，会连夜抢修，力求提供给客户最好的服务，满足客户的需求。正是因为这一点，华为才在欧洲拿下了一个又一个大客户。

只要能够满足客户的需求，我们就能彻底改善销售方面的问题。产品的基本功能只能满足客户的基本需求，我们还需要满足客户基本需求之外的需求，这样才能真正做到让客户满意。你的产品能够满足客户多少需求呢？在产品的基本需求之外，客户还有以下需求。产品能满足的越多，客户就越容易购买。

1. 便利性。在客户的需求当中，便利性需求是非常重要的。具有同样功能的两件商品，一件比较容易上手，另一件则难以上手使用，客户自然会倾向于使用更加容易上手的产品。

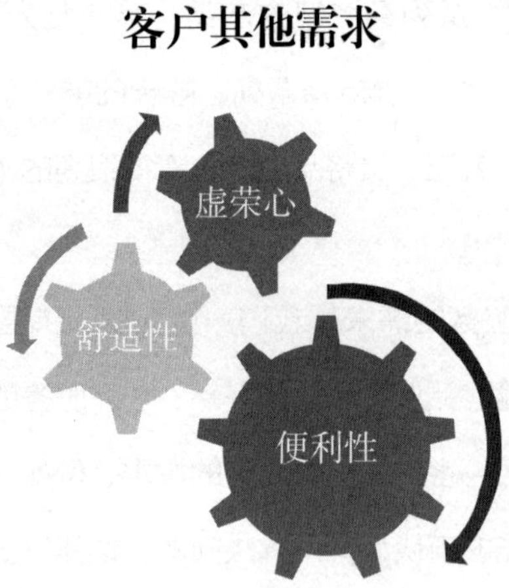

任何产品的易用性都是相对的，产品使用上的不便利，销售人员可以用自己的服务弥补。只要销售人员能够耐心为客户讲解产品的使用方法、注意事项，那么即便产品本身在使用上没那么方便，对于客户来说，也不算什么难题。销售服务能够作为产品，满足客户对便利性的需求。

2. 虚荣心。一件合适的产品是可以彰显客户身份、地位的。对于有这种需求的客户，销售人员应该进行告知。讲解品牌故事，描述产品的专业性，都可以提升产品的地位。

3. 舒适性。人活一辈子，无时无刻不在追求舒适感。购买产品的时候，如果某产品能够让人产生足够的舒适感，那么相比于其他产品，会拥有更强的竞争力。

例如，两辆性能相近的汽车中，哪一辆能够让客户觉得更加舒适，客户就会更加倾向于购买哪一辆。

提高成交率，让客户更加认可你的产品，最重要的就是能够满足客户的需求。我们要找准客户对产品的需求，提炼出产品能够满足客户哪些需求，将两者结合起来，找到最适合客户的产品，或者找到最适合产品的客户。

“以退为进”的销售艺术

销售是我们的目的，当我们试图说服客户购买产品的时候，我们已经站在了销售的立场上。如采用传统的销售方式，我们更是要与客户一争高下，说服客户，让客户购买我们的产品。销售人员能够说服客户固然好，但未必每次都能奏效。有些时候，客户的态度非常强硬，寸步不让，甚至有我们前进一步，客户就要前进两步的迹象。销售人员面对客户的时候，有着种种束缚，客户步步紧逼，我们就只能后退。

后退并不完全是坏事，不能一步步向前给客户压力，不代表销售人员不能销售成功。我们在进行销售的时候，千万别忘记以退为进的销售艺术。以退为进，并不代表我们承认自己失败，也不代表我们抛弃了自己的想法。我们之所以愿意让步，是因为现在的后退可以让我们在以后大踏步地前进。

在我们与客户交流的时候，什么情况都可能出现。有时候会碰见特别顽固的客户，或是对产品、销售人员甚至企业有成见的客户，抑或语言极其有攻击性的客户，这时销售人员可能会有不理智的表现，与客户发生争执甚至争吵。等头脑冷静下来之后，你会因为与客户发生争执而后悔吗？或者觉得是客户先表现得过于激动的，过错不在自己？不管是哪一种，我们与客户争执都可能会导致彻底失去与客户进行第二次交流的机会。

因此，我们要有良好的情绪控制能力。当今社会，每个人都在谈情商。真正的高情商，指的是具有良好的情绪控制能力。只有做到控制好自己的情绪，才有资格使用以退为进的技巧。不管客户表现出怎样的情绪，我们都应该在自己的节奏当中，按照自己的步伐前进。一旦情绪受到了客户的影响，被客户牵着鼻子走，那么我们就很难掌控局势了。

保持冷静的头脑是做到以退为进的基础，借力打力是以退为进的基本技巧。当客户否定产品，甚至出言不逊的时候，我们需要做的是想办法引导客户，而不是与客户针锋相对，让客户知道他对我们的看法是错的。当我们委婉地指出这一点的时候，出于补偿心理，客户往往会更加容易下单。

某超市里，一名销售人员正在推销一款炒锅，不仅现场演示如何使用，还让顾客免费品尝炒菜。没多久，周围就聚集了不少有兴趣的客户。这时，一位中年女性走了过来，询问道："请问你们这个牌子的炒锅是在做特价吗？"

销售人员："是的，这个品牌的这款炒锅正在做八折促销，还有锅铲、锅盖、小蒸笼等礼品相送。"

客户听后很有兴趣，打算进一步向销售人员咨询炒锅的相关问题。此时另一位中年女性突然出现，拉住了客户的手，说："别相信她的话，我之前买过这个牌子的炒锅。热得慢不说，还粘锅，炒个鸡蛋都得多放油。"

第一位客户听后，似乎已经下决心要走了。这时，销售人员连忙对第二位客户说："很抱歉，我们之前的产品给您带来了困扰。上一代炒锅的确不够好，存在着各种各样的问题。"

第二位客户听到销售人员的道歉之后，得意扬扬，脸上的表情似乎在说：快看，我说得没错吧？

销售人员又继续说道："本公司的新一代产品吸收了之前的教训，对您说的问题都进行了改善。如今，这些问题已经不存在了。您愿意试试我们的新产品吗？我跟您保证，您之前说的问题绝对没有了。"

第二位客户犹豫了一下，说："那就让我这位朋友试试吧！要真是像你说的那样，她对这锅满意的话，就让她买一套。"

接下来，第一位客户在试用过程中收获了良好的体验，最后买下了产品。

以退为进，可以先承认客户说的是对的，哪怕是不实的指控。一旦极力否认，与客户发生争执，那么就很可能彻底没有机会成功了。

置身事外也是以退为进销售艺术中比较常用的一种方式，很多客户不喜欢和销售人员打交道，若是销售人员为他们推荐产品，他们会本能地选择拒绝。面对这种客户，置身事外是最好的选择。

所谓置身事外，就是以第三者的身份来推销产品。我们可以在闲聊之中得知客户的需求，将话题引向我们的产品，最后再表明我们的身份。这样可以在客户对我们产生抵触情绪之前说服客户，让客户选择购买我们的产品。

退一步，并不是向客户示弱，而是为了展示我们友好的态度。对于咄咄逼人的客户，有些时候退一步反而能够表明我们的态度：我们是讲道理的，不是一味地吹捧自家的产品，只想从客户口袋里掏钱的人。我们推荐产品，是在真诚友好，为客户着想的基础上进行的。后退一步，就能说明我们的态度。

所以，当你遇到难缠的客户时，当客户情绪激动时，当客户误解我们的时候，千万要控制好自己的情绪，万万不可与客户发生冲突。忍一时风平浪静，退一步海阔天空。更何况，我们退一步是为了进百步。只有给自己留住机会，留下操作的空间，才有办法走得更快、更远。

给出几种方案，让客户自己选择

你有过什么梦想吗？如今你做的工作是依自己的喜好选择的吗？如果给你选择的机会，你会选择什么工作呢？这些问题或许与销售无关，却有助于我们了解客户是怎么想的。事实证明，客户喜欢自己做选择。

作为销售人员，我们可以放任客户自己做选择吗？显然是不应该的。如果所有的事情都由客户自己决定，放任客户自己选择，很容易出现问题。不能放任客户自己做决定，不是销售人员利欲熏心，而是因为销售人员更加专业。

问题一：客户选择的产品有时并不适合自己。为客户选择合适的产品是销售人员提供的最基本的服务，也是最重要的服务。销售人员能够利用自己的专业知识为客户寻找到最合适的产品，并进行推荐。

客户不喜欢被束缚，但一旦放任客户自己选择，客户选择了不适合自己的产品，等产品出现问题的时候，客户会怎么想？是会想“问题出在我自己身上，都是我的错，我选择了不适合的产品”还是“这家的产品怎么这么糟糕？根本就不像他们宣传中说的那么好”？答案显然是后者。

当客户觉得产品不好、使用不便的时候，一定会把问题归咎到销售人员和产品身上。这个时候会对产品及销售人员的口碑造成重大的负面影响，同时这位客户以后可能再也不会使用该产品了。

问题二：增加时间和经济上的损失。放任客户选择产品，当客户选择了错误产品，觉得产品不行时，便会寻找售后人员解决问题。到这个时候，客户再选择销售人员推荐的产品，显然会增加销售人员的工作量。如果客户不恰当地使用产品，造成产品损坏，或者产生其他方面的经济损失时，销售人员可能还要承担客户遭受的经济损失。

这两个问题是任由客户选择产品时比较常见的。总体来说，任由客户自己选择产品绝对不是一名销售人员应该做的事情。

我们要为客户推荐产品，但又不能让客户有束缚感，那么最好的方式就是在一定范围内给客户选择的余地，制订几种方案让客户选择。这不仅能够避免出现上述问题，还有很多好处。

1. 给客户几种方案让客户选择，做决定的是客户，制订方案的却是我们。给客户方案让客户选择是很常见的营销手段。不管客户选择哪种方案，最终都是能让销售人员满意的。就如同电信运营商给出的手机资费套餐一样，不管你选择哪个套餐，运营商都会很满意，因为在提供方案的时候，运营商不会将对自己不利的方案放在你的面前。

我们也可以选择这种销售手段，提供多种方案，让客户自己选择，规避对自己不利的状况。

2. 给客户几种方案让客户选择时，可以在其中加入一些特定的条件。我们在进行销售的时候，总是希望能够与客户达成一些条件，例如合同的期限、购买的数量等。这些条件如果单独和客户谈，那么每一个条件的谈判都是一次攻坚。而如果制订几个方案让客户来选择，将所有的问题放在一起，我们只需要说服客户一次。

3. 让客户有选择，会让客户有主导成交的感觉。在销售的时候，客户喜欢掌控主导权。如果客户觉得主导权不在自己手上，觉得自己处于下风，那么即便有需求，在成交的时候也会犹豫不决。

我们为客户提供方案，让客户自己选择，那么只要客户真的有需求，就会极可能选择成交，因为客户觉得选择权在自己的手上。

制订方案让客户选择是有许多优点的，但是也有很多需要注意的地方。其中最重要的一点，就是不要随意制订方案。

很多销售人员从给客户制订方案当中尝到甜头之后，开始在方案中加入大量的条件，有些甚至是极其苛刻的条件。我们无法判断客户到底会怎么想，承受能力有多强。客户可能会因为大部分有利条件而接受其中几条比较苛刻的条件，但也可能因为其中一条苛刻的条件而彻底拒绝购买。

在为客户制订方案的时候，尽量不要太复杂，也不要有太多可选择的方案。我们给客户制订方案，是为了方便客户选择。如果客户需要经过大量的计算才能得知自己究竟比较适合哪个方案，或者多个方案看起来都很适合自己，那成交的周期就会大大延长。客户需要计算、思考，才能得出最佳的结果。客户越是计算，情况越对销售人员不利。为了避免夜长梦多，最好能让客户对不同方案的优劣一目了然。

很多销售人员会犯这样的错误，那就是在制订方案的时候有明显的倾向性，可能是因为某个方案能赚到更多的钱，某个方案会产生长期的利益。销售人员为客户制订方案的时候，不要想着一定要让客户选择其中的哪一个。商场如战场，销售过程也是博弈的过程。在战场上，你的对手怎么可能会对你的计划视而不见，轻易地就让你得逞呢？这样做往往只会得到客户哪个方案都不选的结果。

因此，我们在制订销售方案的时候，一定要真心诚意地为客户考虑，一定要让几个方案都具有合理性，这样才是真正给客户选择的余地。

怎样介绍产品才能打动客户

介绍产品是每名销售人员的必修课，每名销售人员都要为客户介绍产品，但不是每名销售人员都能够打动客户。能够打动客户，就很可能会成交；不能打动客户，成交的可能性就会大大降低。向客户介绍产品不是照本宣科，更不是堆砌产品的优点。要想打动客户，必须在介绍产品的时候塑造产品价值。

产品价值才是促使客户购买的核心因素。产品如果没有价值，或者缺少价值，那这件产品对于客户来说就是毫无意义的。

产品价值主要体现在两个方面：一方面是产品本身的价值，另一方面是客户需求的价值。产品本身的价值是原本就存在的，一件产品的参数、使用的材料、使用的技术都是清晰可见的。而客户需求的价值相对于产品价值就显得不那么直观，但却是最能打动客户的点。

既然产品具有两方面的价值，我们在介绍产品的时候自然也要从两方面着手。在产品本身的价值这一方面，我们要突出产品的优势。

每件产品相比于市面上的竞品都有着自己独特的优势。这种优势是我们胜过竞争对手的关键，是能否打动客户的重要因素。

一位客户想要购买汽车，在他看中一辆后，与销售人员发生了如下对话。

销售人员："先生，您好！请问有什么可以帮到您？"

客户："这辆汽车的外观很符合我的要求，能为我介绍一下吗？"

销售人员："先生，您可真有眼光。这辆车是B级车里性价比最高的，也是去年全球销量最高的。这辆车的外观虽然不突出，但非常符合商务人士低调、内敛的要求。这辆车的内饰是同价位产品当中最好的，舒适度绝对不输给A级车。"

客户："是吗？那请再为我详细介绍一下。"

从以上对话中，我们可以看出，销售人员的介绍成功引起了客户的兴趣，成功表达了这辆车的优势。这辆车的优势在于性价比高，内饰较好，比较舒适。至于其他方面，可能就没有那么突出了。在介绍这辆车的时候，销售人员还将产品所取得的成绩告诉了客户，先让客户有一个整体的概念。这辆车受大众认可的程度，也能够提高产品在客户心中的价值。

在介绍产品的时候提高产品价值，还要从客户身上找办法。只要产品贴合客户的需求，价值就会被不断放大。因此，我们要先知道客户的需求，根据客户的需求进行介绍，做到让客户心动。

一家三口来到了某品牌汽车4S店，丈夫对销售人员表示，自己想要购买一辆汽车。在客户没有表现出自己需求时，销售人员主动开口询问："先生，您对新车有什么要求呢？"

客户："我想要购买一辆内部空间较大的汽车，以便于全家出行。"

销售人员："那这辆车再合适不过了。这辆车内部有七个座位，不仅能够满足您全家出行的需要，而且驾驶座的空间格外宽敞。"

客户："这辆车座位倒是挺多的，但是我们家只有三口人，并不需要那么多座位。另外，车的内部空间看上去很大，但不能放太多的东西。"

销售人员："先生，您多虑了。这辆车的最后一排座位是可以放平的。如果出行人数不多，完全可以放平，将多余空间用来存放物品。"

见客户有些犹豫不决，销售人员又说："这辆车选用的板材非常好，任何时候都能给您和您的家人最好的保护。不管是从安全性还是从可用空间角度看，这辆车都是家庭用车的首选。"

经过销售人员的介绍，客户果然动心，当天就付了定金。

介绍时侧重点不同会对产品价值的塑造产生很大影响。如果介绍产品时你重点介绍的内容不能打动客户，即便能够找到客户的需求，也是没用的。像汽车这样的产品，只要描述清楚，客户就能够明白某件产品能否满足自己的需求，而有些产品却做不到这一点。针对那些用术语无法形象描述的产品，销售人员必须通过设定场景，设定产品的使用环境，告知产品可以为客户解决什么问题，客户才能对产品的价值有清晰的认识。

一名销售人员在向客户推销一款防强光眼镜："先生，看您是开车来的，想必您是需要一款防强光眼镜的。我们品牌的防强光眼镜是不以牺牲眼镜的透光度来防光的，既保证了眼镜的透射比，又能避免眼睛受到对面汽车射来强光的刺激，大大提高了夜间行车的安全性……”

这种介绍又枯燥又乏味，即便客户能够听懂，也很难理解产品的价值、产品的重要性。如果销售人员能够换一种介绍方式，效果可能就会好得多。

销售人员：“先生，您经常在晚上开车吗？”

客户：“是的，不管是加班还是应酬，回家时天都已经黑了。”

销售人员：“那您是否遇到过行车时周围太黑，对面车辆突然射来强光，导致眼睛不适的情况呢？”

客户：“当然遇到过，只要在晚上开车，又有谁碰不到呢？”

销售人员：“对面汽车射来的强光会导致眼睛短时间内没办法看清前方的道路，有不少事故就是这个原因造成的。”

客户：“是啊，有几次差点出事，现在想想都觉得后怕。”

销售人员：“您购买一副防强光眼镜就可以消除这种危险了。我们的防强光眼镜拥有极高的透射度，不会因为光线明暗的变化增加眼睛的负担，可以防止强光带来的短暂不适。只要戴上这副眼镜，夜晚开车就不怕强光了。”

客户：“是吗？那多给我讲讲这款眼镜吧。”

要想让你的介绍引人入胜，就要保证叙述足够具体，保证客户能够设身处地地感受到产品的作用。若是客户无法感受产品的作用，又怎么会了解产品所拥有的价值呢？也不会对产品产生购买兴趣了。

很多时候产品难以销售，不是产品不够好、缺少价值，而是销售人员在介绍的时候没有让客户知道产品的价值。销售人员只有采用能够塑造产品价值的介绍方式，才能真正打动客户。

透过言谈识破客户心机

了解客户究竟想要什么可不是一件容易的事情。有些客户比较喜欢单刀直入的方式，愿意将需求直接告诉我们；有些客户则不然，认为将一切需求都告诉销售人员是一件很吃亏的事情；还有些客户会隐藏自己的需求，将其作为与销售人员讨价还价的资本。我们如何才能知道客户在想什么，识破客户的心机呢？最简单的方法就是通过言谈。

每个人都有自己独特的说话方式，这与性格、受教育程度、生活环境、经济状况息息相关。如果我们能从中找到蛛丝马迹，就不难识破客户的心机了。在分析客户的言谈之前，我们要先明确一点，那就是倾听是这一切的基础。

沟通行为及其所占比例

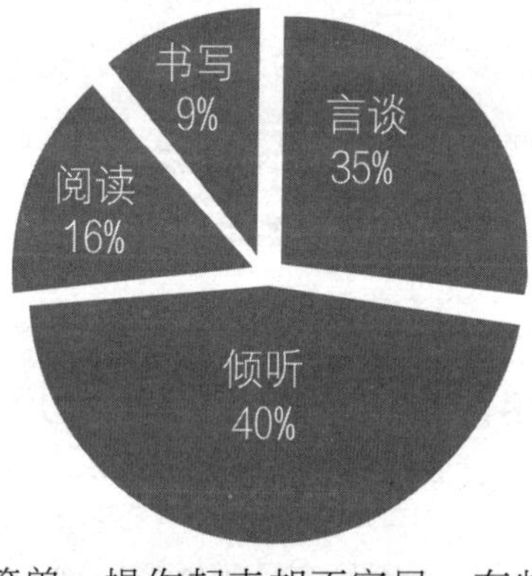

倾听看起来无比简单，操作起来却不容易。有些人被称为最好的倾听者，有些人却连倾听都做不好，这说明倾听的确是需要一定技巧的。做一个合格的倾听者，要注意以下几点。

1. 倾听不仅仅要听。倾听是一种手段，不是目的。如果将倾听作为目的的话，那放一个雕像来倾听客户的话可能更合适。要想听出客户的话中有什么深意，思考是必不可少的。只有一边倾听，一边思考，我们才会知道客户的话语当中究竟有怎样的内涵。

有些人可能觉得一边倾听一边思考是非常困难的事情，其实不然。人的大脑的运转速度远远超过说话的速度，如果你觉得客户说话太快，你来不及思考，那只能说明你还没有习惯一边倾听一边思考，多加练习就可以解决这个问题。

2. 不仅要思考，还要去感受。我们要思考客户是否话里有话，言谈中透露的目的是什么。这能够帮助我们理解客户的需求。言谈当中也是有情感存在的。情感能够帮助我们分辨客户语言的真实性，当客户言不由衷的时候，我们能在第一时间察觉。

3. 集中注意力于客户的语言，不要被其他东西分神。在谈话时，我们能够获得的信息量远超语言的信息量，我们可以观察客户的手势、表情、说话的节奏和语调。这些有助于我们分析客户此时的状况，但是会分散我们的注意力。

我们要想识破客户的心机，就必须将注意力完全放在谈话内容上。在分析言语时我们要全神贯注，其他的东西固然重要，但总要分个轻重缓急。比如，该分析客户动作的时候就要将注意力集中在客户的动作上。

4. 在合适的时候提出自己的问题。我们要想做一个合格的倾听者，就必须在适当的时候给客户反馈，告诉客户我们在认真听，有些不清楚的地方也要向客户及时确认，这样才有利于我们思考。

当然，向客户提问的时机是非常重要的，不能贸然打断客户的言谈，这样会中断客户的思路，也显得我们很不礼貌。如果你想要提问，客户却没有终止自己的发言，不妨先将问题记下来，等客户的发言告一段落后再进行提问。

当我们成为一个合格的倾听者以后，就可以尝试从客户的言谈中寻找识破客户心机的办法了。有一些话往往是带有潜台词的，我们需要重点关注。

“你们的产品怎么比别人的贵啊”看似是在表述我们产品的性价比低于竞争对手，实际上客户是在表述这件产品对于他来说有点贵了。如果竞争对手的产品真的能够满足客户的需求，客户根本不需要再犹豫，会直接拒绝我们。此时客户拿出来做对比，无非是想要一个更低的价格。这个时候，如果有让利的空间，给客户一个较低的价格，就会有更高的概率成交。

不少销售人员都会听到客户说“我没有时间”这句话。客户真的没有时间吗？还是单单没有时间给你？这个时候倾听的作用就显现出来了。客户在说话的时候情感上带着歉意的还是态度强硬的，表明了他到底想不想见你。如果客户想要见你，但真的没有时间，那感情中自然是有歉意的；如果客户不想见你，语气自然会非常强硬。如果客户真的没有时间，我们可以等；如果客户认为见你是浪费时间，那你就要调整销售策略了。

“我还要考虑一下”包含的意思很多，需要我们在谈话过程中搜集信息来判断这句话的具体含义。如果客户在之前的交流当中表现得很冷漠，这句话就是在委婉地拒绝，说明他对产品没兴趣；如果客户一直表现得犹豫不决，在交流的过程中问了很多问题，说明客户真的是需要时间考虑，以便确定是否要购买产品，对于这样的客户，相信不久就能得到回信；如果客户在交流的过程中表现得很积极，对产品很感兴趣，最后却告诉你还要考虑考虑，说明客户有经济或者其他方面的压力，需要解决了这些问题后才能购买产品。

当客户说出“我要和某人商量一下”这句话的时候，往往有两重意思：一是客户在是否购买产品这件事上没有完全的决定权，可能要跟其他人商量一下才能做最后的决定；二是客户并没有理解刚才交流过程中你所说的内容，为了不让自己看上去无知，才假装理解了。这个时候，将刚才的讲解内容换一种简单的方式再讲一次是很有必要的。即便客户自己不能做决定，我们也需要客户将我们的讲解详细转述给能做决定的人。

要想为客户提供更好的服务，我们至少要知道客户需要什么。如果我们不能识破客户言语中的心机，就很难做到为客户服务。只有及时识破客户的心机，才能更快地和客户建立起信任关系，将产品销售给客户。

第五章

怎样销售客户才会觉得你靠谱

客户有权力选择谁来帮助他，有权力选择购买谁的产品。我们要如何才能成为客户的其中一个选择呢？当然是成为一个靠谱的人。靠谱，意味着可靠，意味着做事情守规矩、讲章法。当我们按照“靠谱”的标准去做事时，我们就很可能会成为客户寻求帮助时的第一选择。

为什么人们都会相信专家

专家，在普通人心中代表了权威。当今社会，每个人每天都会接触到大量的信息，这是信息爆炸带来的好处。但任何一种产品都有优点和缺点，究竟该如何选择呢？很多人选择相信专家，相信权威。

相信专家，是一种相对简单的生存策略。人们认为，某一领域的专家要比普通人更有经验，更有能力，更懂得分辨好坏。我们的客户也是如此，当客户对一件产品犹豫不决的时候，专家的话能够让他更加放心，能够让他拿定主意，决定是否购买产品。

既然人们更愿意相信专家，认为专家更可靠，那我们不妨想办法成为专家，在客户心中树立权威的形象。这样客户对你推荐的产品会更加放心，对你会有更高的信任度。

要想树立权威形象，成为专家，必须要从外部和内部两个方面来包装自己，内外兼修。

外部包装可以分成三个方面：着装、头衔和身份。

着装是开始时给客户留下权威印象的关键，“人靠衣装马靠鞍”。试想一下，在你面前站着两位专业讲师，一位西装笔挺，干净整洁；另一位则奇装异服，邋里邋遢。你觉得哪一位更符合专家的形象？相信绝大多数人都会选择第一位。

很多公司对销售人员有严格的着装要求，这并不是没道理的。为了不让客户觉得你没有权威，请遵守公司的着装要求。

头衔，是自我介绍时在客户心中树立权威形象的重要工具。当你拥有了一个头衔以后，客户会自然而然地在心中为你贴上专业的标签，甚至有时候，一些特别唬人的头衔能让客户对你言听计从。

某无线电设备的销售人员为了方便销售，特意考取了无线电执照，加入了当地某无线电俱乐部。在他与企业客户交流的时候，从不说明自己的某无线电俱乐部的头衔，因为业内人士都知道，取得这个身份再简单不过了。但在与客户交流的时候，只要他亮出自己的专业执照，鲜少有客户质疑他的说法，因为在这些客户心中他已经是权威人士、专家了。

拥有更高身份的人总是比地位低的人更让人信服，即便说的内容完全经不起推敲，或者是人尽皆知的道理，这就是身份带来的附加值。一名销售人员拥有对客户造成显著影响的身份并不容易，但是我们可以利用在销售领域中的成就来塑造一个身份。

例如，在口碑极佳的日剧《非自然死亡》中，在出现确凿的证据之前，人们更倾向于相信拥有更多解剖经验的法医。

我们在塑造自己权威形象的时候也可以利用这一点，在向客户介绍产品、解答问题的时候，可以使用“我销售此类产品十几年”“我已经销售此类产品几千台”这样的话来提高自己的身份，塑造权威形象。

外部包装非常重要，内部包装同样不可忽视。内部包装主要包括两个方面：专业知识储备和常见问题应对。

专业知识储备是内部包装最重要的部分，能让我们看起来最像一个专家。在与客户交流的时候经常使用专业术语，能够让客户觉得你很专业。如果在使用专业术语以后，还能用普通人能够理解的方式向客户介绍，那么此时你已经在客户心中坐实专家的身份了。

要想在这一方面进展顺利，你必须有大量的知识积累，平日里关心产品的生产技术、工艺以及使用材料是必不可少的。业内名牌、名人也要能够张口就来，这些都有助于在客户面前树立你的权威形象。

能够顺利解答客户的疑问，你的专家身份就不容易被客户质疑。如果你回答得支支吾吾，甚至根本不知道怎么回答，客户马上就会觉得你这位“专家”是个中看不中用的绣花枕头。即便客户提出的问题超出了一般专家应有的水平，客户也只会觉得：身为一个专家，你怎么可能被普通客户问得哑口无言呢？

要树立专家形象，就必须能为客户答疑解惑。如果我们的知识储备达不到专家级别，那么就提前准备好一些常见问题的答案。当客户询问的时候，我们事先做了准备，也不至于被问得哑口无言。

专家总是有着更大的影响力，权威人士给的意见总是让人更容易相信。我们要想让客户对我们放心，那就要树立权威形象，成为一名专家。我们可以通过包装快速树立专家形象，但这并不能帮助我们成为真正的专家。要想成为真正的专家，我们要努力提升能力，丰富知识，积累经验。当你真正成为一个专家的时候，就不必考虑自己表现得是否专业了。

客户买东西，是觉得你靠谱

不知道什么时候，销售人员中流传着一种奇怪的说法，那就是老实人不适合做销售。在人们的传统印象中，适合做销售的人应该是什么样的呢？要反应迅速，要思维敏捷，要有良好的表达能力，要热情大方。的确，这些是一名好的销售人员应有的品质。但仅仅凭着这些就断言老实人不适合做销售，那就大错特错了。很多时候，客户下定决心购买产品的理由，正是销售人员是个老实人，和老实人做生意，怎么会吃亏呢？

丹丹是某品牌橱柜的销售人员，在她刚刚进入公司做销售的时候，公司里没有人认为她将来会是一名合格的销售人员。但随着时间的推移，她逐渐成为同期进入公司众多新人中的佼佼者。上司对丹丹能取得如此成绩十分好奇，于是就旁观了一次她与客户的交流。

丹丹："先生，您好！您是想要挑选一套橱柜吗？"

客户："是啊，有什么推荐的吗？"

丹丹："我推荐您看看这个系列的橱柜，这个系列的橱柜从上线开始就一直在热销。"

客户："我看这款就不错，能为我介绍一下吗？"

丹丹："这款橱柜是实木的，而且是耐高温的樱桃木，不会因为高温而变形。"

客户："这款橱柜看起来的确不错，但是产品没有十全十美的，如果我买这款橱柜的话，需要注意什么呢？"

丹丹："当然，如果您手头的资金不是非常充裕的话，我不推荐您购买全实木的橱柜，性价比实在太低了。防火板在视觉上完全不输实木，而且外观上有更多的选择，只是在使用的时候要注意一些，不要让橱柜长期处于潮湿状态就可以。另外，您看中的这一款适合比较宽敞的厨房，如果厨房空间较小的话，使用这个橱柜会很不方便。如果您的厨房空间不大，我推荐您选择这个系列的另一款橱柜。"

客户："那好，带我看看你推荐的那款橱柜吧！"

接下来，客户很快就与丹丹谈好了价格，并购买了一套橱柜。

在客户即将走出公司的时候，经理拦住了客户，向客户问道："您最后为什么选择购买这套橱柜呢？”

客户：“那名销售人员推荐的，我看着各方面也不错，就买了。”

经理：“那名销售人员之前不是向您推荐了一款性价比较低的产品吗？您为什么还愿意相信她的推荐呢？”

客户：“她要是不说，我怎么知道那款产品的性价比低呢？她说话很实在，一是一，二是二，我觉得她挺靠谱的。”

靠谱，是客户认同销售人员的一个重要原因，这也是我们一直强调的，销售人员要与客户达成信任关系。只有客户信任了你，只有客户觉得你是靠谱的，和你做生意不会吃亏，客户才会选择购买你的产品。

要想让客户觉得我们是靠谱的销售人员，我们必须要真诚。究竟怎样才算真诚？仅仅说真话就够了吗？显然不是的。真诚并没有一个切实的标准，真诚是一种态度，是一种全心全意为客户服务的态度。你在向客户销售产品的时候做到真诚了吗？能让客户觉得靠谱吗？看看你是否做到了以下几点。

1. 平等对待每一位客户。客户对于销售人员来说是非常重要的，说是衣食父母也不为过。但是，有些销售人员将客户分成了三六九等，在那些拥有更强经济实力的客户身上花费了较多的时间和精力，而忽视了那些经济状况一般的客户。我们真的应该这样区分客户吗？这显然是不对的。

要想让客户感受到你的真诚，你要做到平等对待每个客户。也就是说，只要有购买意向，就都是我们的客户。不管客户经济实力如何，能购买多少产品，我们都要平等对待。

当然，我们并不是要将时间平均分配到每个人身上，值得我们花费时间与精力的人，至少要有足够的购买意向。如果缺乏购买意向，只是看看热闹，在一旁叫好，这样的人并不是我们的客户，也不是潜在客户。

2. 诚实守信是真诚的基础。在商业活动中，诚实守信是根本。如果为了利益，或者怕麻烦，不能履行自己之前承诺过的事情，那你已经违背了商业行为中最基本的原则与精神。客户被骗一次，就不大可能被骗第二次。所以，要想得到客户的信任，让客户觉得你靠谱，必须要做到诚实守信。

3. 履行好一名销售人员的职责。任何一份工作都是有基本职责的，就像司机要开好车，厨师要做好菜一样，销售人员的职责就是为客户介绍产品，为客户推荐产品，为客户答疑解惑。不管发生了什么，遇到了什么样的客户和状况，都要履行自己的基本职责，做到有始有终。

某电脑耗材销售人员认为，真正肯掏钱出来的客户才是值得服务的对象，才值得花费口舌和力气去履行自己身为一名销售人员的义务。一天，他接待了一位要更换笔记本电脑配件的客户。最初，他接待客户的时候态度很热情，笑容满面，在拆开客户的电脑，查看了一下要更换的配件后，给客户报了一个价格。客户听后，说："有点贵了吧？我还是先不换了。"这名销售人员马上就收起笑脸，将拆开的电脑放在一边，叫新来的实习生给客户装好。客户看了他的表现很生气，扭头就走了。

第二天，这名销售人员得知有一位大客户要见比较有实力的供应商，说有一笔大订单要谈。当这名销售人员兴致勃勃地抵达会面的地方时，发现这位大客户就是昨天那个要更换笔记本配件的客户。结果显而易见，他是第一个出局的。原来，这位客户是政府某部门的采购人员，要为该部门采购一批新电脑，他个人的笔记本电脑又刚好出了问题，所以就来更换配件，顺便寻找合适的商家。

要想让客户痛快下单，要想顺畅地销售产品，你就要真诚地对待客户，让客户觉得你是名有职业道德的销售人员，是名靠谱的销售人员，这有时候比产品质量过硬更重要。销售人员在销售产品的同时也在销售自己，产品有问题可以改进，但如果人品有问题就很难挽回了。我们做销售，先要让客户感受到我们的诚意，要做一个靠谱的人。

初见客户时的“三大纪律八项注意”

见客户时最让人感到为难的是什么？是针锋相对、讨价还价，还是成交之前难熬的等待？这些都不是。不管是新人还是从业多年的销售人员，最头疼的莫过于和客户初次见面。初次拜访客户要做最多的功课，却难以取得太好的成效，偏偏这一环节又是不可缺少的。

我们很难在初见客户时就将交易谈成，为了保证以后还有与客户见面、交流的机会，我们必须要保证初次见面的质量。我们不妨将初见客户分成准备阶段、试探阶段、收尾阶段，每个阶段都有必要的任务，完成了这些任务，制订一个完美的流程，获得与客户第二次见面的机会就容易多了。

准备阶段是整个流程中最费力气，却最简单的阶段。在这一阶段，销售人员需要完成的事情很多，幸好时间充足，并且不需要进行太多的思考。这一阶段工作的重点在于面面俱到。

那么，初次拜访客户时，哪些是必须准备的呢？

产品的相关资料是最需要准备的东西。很多公司的销售人员都备有专门的宣传资料，在某些情况下，U盘、光盘这些储存设备也是必不可少的。除了为客户介绍产品的“硬件”外，销售人员还要准备好为客户介绍产品的“软件”，提前将产品信息、公司资料记得滚瓜烂熟。在客户观看资料时，销售人员适当加入自己的讲解能够让客户充分了解产品以及公司。

准备材料时，我们要注意突出产品的优点、亮点。不管我们准备多少资料，都要有一个重心，这样才能让客户知道我们产品的价值。都是优点，对于客户来说也可能意味着都不是优点。

语言是我们需要准备的第二种东西。初次与客户见面，我们甚至可以将整个交谈的流程模式化。例如，我们可以将开场白、自我介绍，甚至活跃气氛的笑话、让客户开心的恭维话都准备好。毕竟初次见面时间有限，将流程模式化，虽然不能保证一定让客户产生好感，但至少不会让客户厌烦。

在准备语言之前，我们必须要对客户有基本的了解。流程化的台词不可能是通用的，任何伟大的演讲家到不同的场合，面对不同的听众，也要适当修改自己的演讲稿。我们要有针对性地对语言进行修改，避免在不经意间冒犯客户。

在准备阶段，样品与赠品是需要我们尽量保证的。不是所有的产品都适合送样品或者赠品给客户，但如果有的话，会有极大的帮助。资料写得再详细，都不可能比样品更加直观。样品与赠品会增加客户对我们的好感，让客户对产品有更深刻的印象，对销售人员有更好的印象。

第二个阶段是试探阶段。在这一阶段，销售人员应主要与客户建立信任关系。我们需要让客户知道我们的产品是可信赖的，我们是靠谱的。我们也要知道，客户到底对产品有多强烈的需求，有多强的购买欲。

在这个阶段，我们务必要让交流的气氛保持轻松、愉悦，不管客户的态度如何，我们都要保持心平气和。我们可以适当地提出一些要求，以及我们要达成的目标。客户自然也会试探我们的底线，想要取得最优的性价比。

在这个阶段，销售人员可以少说话，多倾听，让客户畅所欲言，提出自己的想法和需求。销售人员应该将客户的诉求记下来，为最后一个阶段做准备。这时我们要将自己放在提问者的位置，让客户来做演说者，由我们引出话题，客户给出回答。

最后一个阶段用来收尾，为这次的会面画上一个完美的句号。究竟怎样的收尾才算是完美的呢？销售人员在这个阶段只要做好两件事情就好。

1. 总结当天说了什么。当天的会面可能不会有一个结果，但是客户的需求、客户的条件对于我们来说是非常重要的。没有这些东西，我们就没办法准备下一次会面。并且，客户在和我们交流的时候，未必记得自己说过的每一句话。我们和客户确认之前说过什么，一方面是对今天会面的总结，另一方面也是提醒客户，让客户不要忘记自己说过什么。

2. 争取下一次的约见。这可能是我们初见客户最主要的目的，毕竟初次见面就能将一切敲定，签下订单的可能性实在是太小了。如果之前两个阶段都能顺利进行的话，这一阶段就不会遇到什么麻烦。我们在向客户确定了之前说过的事情后，就可以礼貌地要求离开。离开之前，我们要跟客户约定下次见面的时间和地点。

销售是与人打交道的工作，是有流程的。我们在拜访客户之前，牢记自己制订好的销售流程，就能度过艰难的初见。初见过后，我们就有更多的操作空间了，可以使用更多的销售技巧。所以，我们要认真对待与客户的初次见面，至少要做到“不求有功，但求无过”。

为什么内向的人更容易卖出产品

人们对于一名合格的销售人员有着怎样的印象？无非是交友广泛、口若悬河、热情开朗。拥有这些特点的人很容易给人留下深刻的印象，但是还有很多合格的甚至成功的销售人员并没有表现出这些特质，甚至还会展现出一些相反的特质，例如性格内向、容易害羞、在人际交往方面显得非常被动。如果仔细调查的话，我们会发现内向的人做销售成功概率要高于外向的人，也就是说内向的人更容易卖出商品。

一个看似不擅长交际的人真的就不擅长交际吗？答案很可能是否定的。如果你注意观察身边那些内向的人，会发现他们虽然没有很多的朋友，但是和每个朋友的关系都是极好的。所以，内向的人不是不擅长交际，只是有选择地去交际，相比于人脉的数量，更加在意人脉的质量。内向的人更容易交到好朋友，更容易卖出产品，不是没有道理的。内向的人在销售这一工作上，究竟有哪些优势呢？

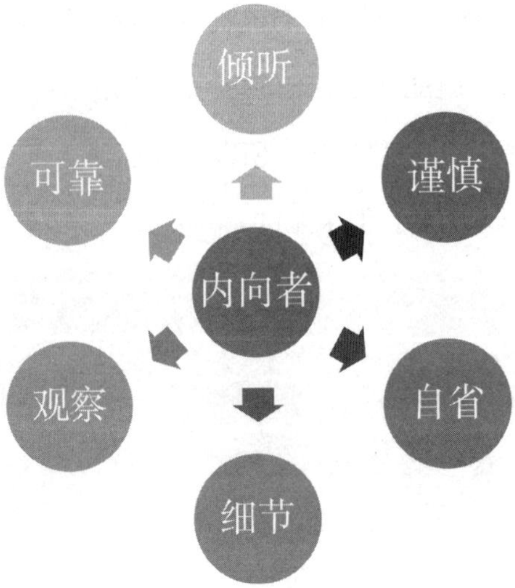

1. 内向的人更加擅长倾听。倾听对于一名销售人员来说是非常重要的，客户究竟有什么需求，有什么问题，都会从言谈中反映出来。但是，有些客户不会直接把话说出口，还有些时候客户也不知道自己的需求究竟是什么。这个时候，倾听就显得格外重要。只有认真倾听，你才能听出客户的弦外之音。只有认真倾听，你才能从客户自己都没有想到的地方找出客户的需求。

一个内向的人，平日里听别人说话的时间远远超过自己说话的时间，他们早就将倾听别人说话变成了一种能力。当他们开始与客户交流的时候，甚至不需要刻意去倾听、去猜测客户究竟想要说什么，就能够做到心里有数。

2. 内向的人更加谨慎。有些人觉得内向的人做不好销售，是因为他们做起事情来显得非常犹豫，没有冲劲儿，没有激情。的确，内向的人不如外向的人那样充满激情，但这绝不代表他们不能成为好的销售人员。内向的人虽然没有冲劲儿，但是他们在做事的时候要比外向的人更加谨慎。不出意外对于他们来说实在太重要了，与客户交谈时，在说出每句话之前他们要反复斟酌，确保自己所说的话没有问题。

谨慎，是我们与客户交流时极其重要的品质。我们与客户见面的每一次机会都是非常宝贵的，只有小心谨慎，才能够将每一次见面的效果发挥到极致。

3. 内向的人更擅长自省。内向的人比外向的人更加害羞，更加在意别人是怎么看待自己的，所以内向的人花费在自省上的时间要超过外向的人。很多内向的人可能都有过这样的经历：一天过去了，躺在床上准备入睡的时候，总是会情不自禁地回想起白天发生的事情，总会想哪里表现得不好，哪句话是不应该说的，或者换种什么方式能够将话说得更好。

自省对于销售人员来说是非常重要的，不断自省，不断改进与客户见面时的状态，会让销售人员与客户交流的时候表现得一次比一次好。我们与客户见面的机会本就有限，能够迅速找出自己上一次哪里表现得不够好，就越是在机会所剩无几的时候，有越好的表现。这种表现甚至在某些时候对是否能够成交起到了决定性作用。

4. 内向的人更注重细节。对于销售人员来说，细节的重要性毋庸置疑。细节的好坏直接关乎客户对你的印象，关乎你对产品究竟有多了解，关乎你是否对客户的需求有正确的判断。虽然内向的人行动速度远远不及外向的人，但由于他们更加在意细节，所以要比外向的人更加稳定。

5. 内向的人更擅长观察。观察能够让我们获得更多的信息，在销售过程中，我们要观察的东西有很多。客户的需求，客户是否真的想要购买产品，客户是否还有耐心以及客户迟迟没有决定购买的原因是什么，这些都要通过观察才能够得到答案。

外向的人更加擅长表现自己，擅长从自身角度出发解决问题，当自我表现结束以后还没能打开突破口，才会开始从对方身上寻找解决问题的方法。而内向的人正相反，倾向于先从对方身上找到突破口。因此，从这方面来说，内向的人比外向的人更容易销售出产品。

6. 内向的人更容易让人觉得可靠。内向的人往往给人一种刻板印象，那就是不会说话，尤其是不会说谎话。和一个口若悬河的人相比，沉默寡言的人说的话更容易让人相信。如果能够利用好人们的这种刻板印象，当内向的人与外向的人推销同一款产品，说同样的话时，客户会更倾向于相信内向的人。

赞美产品，但不要夸大其词

要想将产品销售出去，自卖自夸是必不可少的。如果我们只是平淡地介绍产品，客户根本体会不到产品的好处。只有对产品加以赞美，我们才能够让客户知道产品的价值。要想体现一件产品的价值，让客户产生拥有它的渴望，没有销售人员的赞美是不行的。

销售人员需要赞美产品，让客户知道产品的好处，以及产品表面上无法展现的东西，但是不能夸大其词。过于夸张的赞美有种种弊端，甚至会直接让客户放弃购买产品。为什么这么说呢？举个例子你就明白了。

一位年轻的客户想要购买一款全新的MP3，于是来到了某品牌MP3专营店。

销售人员："先生，您好！请问有什么能帮到您的？"

客户："我想买一款音质好一点的MP3。"

销售人员："那要看您需要多好的了，咱们品牌的MP3一直是以音质出众作为卖点的。特别是近几年的新产品，都有独立的声卡，音质说是业内顶尖也不为过。"

客户："这么厉害吗？那能不能找一款给我试试？"

销售人员："您试试这一款。"

客户在进行试听以后，说："音质的确不错，但感觉也没有你说的那么夸张吧。"

销售人员："先生，音质并不单单是由播放器决定的。如果您想要最好的音质，还需要配备好的耳机。虽然我们在播放器中内置了质量足够好的音源，但是好耳机是需要您自己配备的。"

听到销售人员贬低自己的耳机，客户显然有些不满："你的意思是我的耳机不够好，配不上你们的播放器？”

销售人员：“抱歉，先生，我并不是这个意思。只是告诉您，如果想要拥有更好的体验，耳机也要选择更好一点的才行。”

客户：“你把你们的播放器说得那么好，那××牌子的播放器怎么样？”

销售人员：“××某牌子的播放器也不错，各有千秋吧。”

客户：“那×××牌子呢？”

销售人员：“也是业内不错的品牌。”

客户：“你还说你们是业内顶尖的，随便说两个牌子都跟你们的差不多，我看你们的播放器也一般。”

显然，销售人员和客户谈崩了。销售人员赞美自己的产品虽然有些离谱，但并不是非常夸张。但客户出现了明显的抵触心理，最终造成了交易的失败。为什么过度赞美产品会让客户产生抵触心理呢？主要有以下几个原因。

1. 夸大其词会在不经意间冒犯客户。很多客户对自己挑选产品的眼光是极为自信的，客户放弃原来使用的产品，未必是因为之前的产品不够好，可能是因为产品老化、经济问题或者其他原因。夸大其词，相当于在不经意间将自己的产品与客户过去使用的产品做了一个鲜明的比较。这个时候，客户就会觉得销售人员在说自己过去购买的产品并不好，质疑自己的眼光。

如今，网络上各大品牌都有自己的忠实用户。很多人甚至已经不再使用某品牌产品，但看见有人说另一个品牌是最好的、顶尖的，比原来使用的某品牌更好，还是会忍不住与人争执。这就是因为人们对于自己挑选产品的眼光是非常自信的，甚至是自傲的。一旦有人说的话打击了这份自信，那么客户就会产生不满情绪。

2. 夸大其词会让客户忍不住较真。一件产品究竟有怎样的功能，从出厂的那一刻起就已经确定了。很多销售人员为了赞美自己的产品，为产品增加了很多原本并不存在的优点。明明这款产品的性能和其他产品差不多，却偏要说超过了其他品牌。这个时候，有些客户就会忍不住想要进行比较。商家拍着胸脯说自己的产品在各方面都超过了竞争对手，一旦客户较真，赞美就变成了自吹自擂，甚至是虚假宣传。当产品性能相近的时候，客户自然会选择没有做“虚假宣传”的产品。

3．夸大其词会给自己带来麻烦。夸大其词对于那些并不了解产品的客户有着非常好的宣传作用，有些销售人员在为那些对产品一知半解或者首次购买同类产品的客户介绍时，会夸大其词，以增加客户对产品的信心，促成交易。但是，这种行为会直接拉高客户对产品的期待。

那么，当客户购买了产品以后会怎样呢？客户在使用产品的时候，产品势必达不到销售人员夸大的效果。客户之前对产品的期待有多高，发现产品不能达到销售人员所说效果时的失望就有多大。因此，客户在使用产品的时候，会对产品、销售人员甚至品牌产生强烈的厌恶。夸大其词产生的后果是只能做“一锤子买卖”，很少有客户再回来购买产品。

我们赞美产品，因为这是让客户更加信任产品、对产品更有兴趣最简单、成本最低的做法。其实，夸大其词这种做法是非常短视的，即便当时能够有些许作用，但是后续出现的副作用要远远大于之前的收益。夸大其词，过度赞美产品，等同于杀鸡取卵。所以，我们在赞美产品的时候，要尽量做到求真务实。

向客户坦陈产品的缺陷

世界上存在完美的产品吗？这个问题相信每名销售人员都能马上给出答案：不存在。在这个世界上，任何一款产品都不能说是完美无缺的，即便功能上没有任何问题。那作为一名销售人员，我们应该向客户坦陈产品的缺陷吗？

产品有缺陷，这是必然的。当销售人员向客户坦陈产品缺陷的时候，交易过程会受到不同程度的影响。只不过，向客户坦陈产品有缺陷，要比客户自己发现产品的缺陷好。一旦客户自己发现产品有缺陷，我们面临的问题就不只是客户不购买产品那么简单了。

某外贸公司的主营业务是布料销售，此时市面上一款图案特别流行，于是该公司也推出了这款图案的压花模型。但初次制作的模型并不是很完美，接口处不能拼出完美的图案。

销售人员接待客户时，为了能销售出去这款面料，刻意隐瞒了模型存在的问题，导致很多客户在订购了面料以后，发现面料存在图案拼接不起来的问题。这名销售人员短时间内就接到了大量的投诉，有些客户甚至表示再也不会购买他们公司的产品了，还要诉诸法律进行索赔。这名销售人员不仅害了自己，还害了公司。

提前告知客户产品有缺陷，不仅是对客户负责，还是对自己和公司负责。隐瞒产品缺陷，早晚会有麻烦找上门来。

没有完美无缺的产品，这不仅是每名销售人员都知道的事情，还是每个客户都知道的。

既然不存在没有问题的产品，销售人员又不肯告诉客户哪里有问题，那么客户只能凭着自己的经验和想象去猜测产品哪里存在问题。那些比较谨慎的客户，往往会做最坏的打算。这个时候，客户就会有可能因为自己的猜测而拒绝成交。

销售人员选择将产品缺陷告知客户，就意味着选择了诚实。而客户会根据自己的需求，选择是否接纳产品的缺陷。如果客户选择接纳产品的缺陷，进而下单成交，日后也不会因为这个缺陷而对产品有意见。

当销售人员选择向客户隐瞒产品缺陷的时候，就说明销售人员并不完全信任客户。客户也是心知肚明的，知道产品是有缺陷的，只是销售人员不肯说。销售人员不对客户说实话，客户也就不可能完全信任销售人员，双方就不可能真正建立起信任关系，成交的可能性也就大大降低了。即便最后能够成交，也是在双方进行了大量的试探后，选择了一个双方都没能成为赢家的折中方案。

向客户隐瞒产品有缺陷，反而会让销售人员陷入更大的麻烦。任何厂家生产的产品都可能有缺陷，这个时候，销售人员应该选择如实告知客户。很多销售人员向客户隐瞒产品存在缺陷，最后以低廉的价格将产品销售了出去。当接到客户投诉的时候，销售人员还满腹委屈，不知该如何是好。

不管客户购买产品花了多少钱，不管销售人员是以多么低的价格将产品销售给了客户，只要客户当时不知道产品有缺陷，之后发现有问题，那就是销售人员的责任。产品有缺陷不要紧，总有客户为了性价比会选择用低廉的价格购买有缺陷的产品。刻意隐瞒不仅会给客户带来麻烦，还会让自己陷入尴尬的境地。

作为一名销售人员，当知道产品有缺陷的时候，直接告诉客户显然也是不对的。直接将产品缺陷告诉客户，有可能会把客户吓跑。我们要告知客户产品的缺陷是什么，但又要想办法达成交易，让客户下单。告知客户产品存在缺陷的最好办法是循序渐进。

循序渐进会让缺陷显得不那么严重。如果你直接将产品缺陷告诉了客户，客户满脑子想的就会是产品缺陷，成交的概率就小了很多。如果我们在告知客户产品存在缺陷之前，能让客户喜欢上产品，甚至觉得产品很划算，那么成交的概率就会提高很多。

例如，某品牌电视在设计上存在缺陷，导致电视的音效不是很好，特别是在声音较大的时候，会夹杂电流声。当客户询问这台电视相关情况的时候，销售人员是这样循序渐进地告知客户电视存在的问题的。

销售人员："先生，您好！看看电视机吗？"

客户："是的，最近有什么活动吗？"

客户这句话已经透露出了不少信息：客户并没有选定的目标，而且客户比较在意产品的性价比。

销售人员："我们这款电视最近在做活动，活动期间不仅比原价便宜了1000元，还赠送视频软件会员。如果今天购买的话，安装费用全免。"

客户："是吗？那这款电视怎么样？是智能电视吗？"

销售人员："这款电视的确是智能电视，可以连接您家中的无线网络，配合我们赠送的视频软件会员，您可以收看的电视节目是很多的。"

客户："电视的配置怎么样？不会卡顿吧？"

销售人员："您放心，这款电视的配置虽然不是顶级的，但10核CPU可以保证您在观看节目的时候有流畅的体验。另外，这款电视机使用了××品牌液晶屏，相信您对该品牌也有一些了解，电视的显示效果毋庸置疑，绝对不会出现偏色等问题。"

客户："挺不错的，就买这一款吧。"

销售人员："您先不要急着决定，这款电视有个小问题，就是音效不太好。如果电视声音太大的话，会有电流声。如果您能接受的话，再选择购买。"

最后，客户还是下单购买了这款电视机。

当客户仅知道产品有某个缺陷的时候，这个缺陷就会被无限放大。而当客户知道这款产品价格低廉，性能也十分出色时，就会进行权衡。当价格上的优惠和产品的优点超过了产品缺点时，客户自然愿意下单购买产品。

尽量不告知客户自己的价格底线

价格，是交易的重要影响因素之一，是不可回避的核心问题。没有涉及价格时，销售人员与客户交流的气氛往往是非常和谐的；一旦开始商讨价格，气氛就变得紧张起来。双方颇有一种亮出兵器大战一场的感觉。如果客户输了，就会接受销售人员所提出的价格；如果销售人员输了，则会亮出自己的价格底线，由客户来做决定。

告知客户自己的价格底线，对不少销售人员来说是没有办法的办法。有些十拿九稳的交易当中，销售人员亮出自己的价格底线已经是一种失败了。告知客户自己的价格底线真的那么可怕吗？

销售人员选择不告诉客户自己的价格底线，自然是有其原因的。一旦客户知道了自己的价格底线，就会评估报价与价格底线之间的距离。价格底线，会成为客户下次砍价的标准。以后的合作也难免要把底线价格告知客户，这对自己来说是巨大的损失。

告知客户自己的价格底线，有些时候还不能得到客户的认可。这种情况相信各行各业的销售人员都曾碰到过。

销售人员：“王总，没有比我们的产品更符合贵公司的要求了。不管是质量还是价格，都能让您满意吧？”

客户：“质量上是没什么问题，但是这个价格，还可以再谈一谈。你看，咱们这又不是‘一锤子买卖’，如果你愿意稍微降低点价格，咱们可以长期合作。你避免了再去找客户浪费时间，我也节省了去打听哪家的产品更便宜的时间，你说好不好啊？”

销售人员：“王总，这个价格已经很低了，不信您可以打听打听其他公司的报价。质量跟我们的一样，有比我们价格低的，我保证比他们的价格再低一成。”

客户：“凡事都得有个例外不是？你看我们公司需求那么大，以后每次都跟你们订那么多的货，薄利多销，你们也没什么损失，还多赚了不是？”

销售人员：“王总，我们的产量就那么多，想要多销也没那么多货啊。”

客户：“咱们也别磨嘴皮子了。给个低价，可以的话，我今天就签了。”

销售人员：“王总是个痛快人，那我给您个底价，XXX元。”

到了这个时候，有些客户会觉得价格已经到了可以成交的程度，但有些客户觉得自己可以拿到更低的价格。他们在和销售人员打交道时时刻保持着怀疑，即便销售人员已经说了自己的价格底线，客户还是觉得价格可以更低。接下来，他们会给销售人员更大的压力，以求将价格压得更低。

所以，销售人员不愿意告知客户自己的价格底线，因为告知客户价格底线，往往意味着孤注一掷。如果客户觉得不满意，那么之前的口舌就都白费了。如果客户觉得还有向下压价的空间，那么销售人员会面临着退无可退的境地。很多销售人员在告知了客户自己的底价以后，才发现这个决定并不明智。当我们已经报出了底价，客户却还要步步紧逼，有什么解决办法吗？有什么更好地跟客户谈价格的办法吗？当然是有的。

1. 在销售产品时别太心急。销售人员在销售产品时不能太心急。你越是急切，客户就越是认为还可以不断试探你的底线。

2. 当客户向你要折扣的时候，别给得太轻易。很多销售人员都会犯一个错误：除了明确给的活动折扣外，当客户询问是否还有更大折扣时，就把自己能够动用的折扣幅度告诉了客户。这样一来，客户就会觉得你让步太快了，认为一定还有更多的折扣、更多的优惠可以拿。因此，客户会进一步向你施压，而不是完成交易。

3. 千万别主动退让。很多销售人员在与客户交流的时候，发现客户犹豫不决，或者表现出对产品不感兴趣的样子时，会主动让价。这种做法是非常糟糕的，价格是客户购买产品时重点考虑的一个因素，却不是决定一切的因素。如果客户对产品不感兴趣，那么主动降低价格也不能让客户改变自己的想法。

在价格上主动退让，在客户眼中是一件非常奇怪的事情。哪有人会把钱往外扔呢？所以，在客户看来，销售人员主动退让一定是有问题的：或许是产品有问题，或许是销售人员在退让以后仍然有大量的利润。不管是哪一种，都是在提醒客户按照当前的价格成交是一件非常吃亏的事情。

4. 不要退让得太容易，表现得太轻松。在客户的心中，真正的让利显然是让人不那么愉快的，做出这个决定也不是很轻松的。那么，当一名销售人员告诉客户自己的价格底线时，就不应该露出轻松的表情，也不该在客户刚提出要求时就松口。

此时适当的表演非常重要，我们要做出挣扎、犹豫、最后痛下决心的样子，让客户知道我们让利并不是一件容易的事情。此外，我们还可以加上一些“抵抗”，与客户反复商讨，让客户觉得我们退让得不那么容易。

5. 当你报出底价的时候，语气要坚定。客户判断你所说的价格底线的真假，只能够依据你的神情、语气。一个人说话的语气不够坚定说明了什么？大多数人的第一反应是心虚。你报价时是心虚的，那就说明你的报价并不真实，客户就不会相信你给出了底价。

一名销售人员要尽量保住自己的价格底线，只有在万不得已的时候，才能够将价格底线告诉客户，并且告诉的时候要有一定的技巧，这样才能让客户相信，否则只能适得其反。

客户买东西看中的是价格吗

讨价还价是商业行为当中非常重要的一环，产品价格是客户购买产品时需要着重考虑的因素。但是，销售人员要明白一点，客户在购买产品的时候，价格是关键因素，但未必是决定性因素。的确有些客户在购买产品的时候会因为价格过高而拒绝购买，但对大多数客户来说，价格仅是综合考量当中的一个因素，他们在购买产品的时候看中的可不仅仅是价格。

不少销售人员在与客户沟通的时候都遇到了这样的难题——客户询问产品报价，销售人员给出了产品的报价，客户只说了一句“太贵了”，从此杳无音信。因此，不少销售人员觉得客户买东西只看重价格。

即便某些客户因为产品太贵，连产品信息都拒绝了解，也不代表价格就是决定一切的因素。如果价格是产品销售的决定性因素的话，销售人员的工作将变得无比简单，只要将价格报给客户即可。企业经营也将变得非常容易，只要将成本降到最低，将产品售价降到最低就可以赢得客户。实际上，这是不可能的。

价格是重要因素，但是其他与价格在同一层次上的因素还有很多。很多客户在综合考虑的时候，会先听报价，当价格在客户可接受范围内时，就会开始考虑其他问题了。

这种现象对于销售人员具有一定启示作用：作为一名销售人员，如果你的产品价格高过了竞争对手，那么在见客户的时候先不要报价。产品的价值并不完全与价格挂钩，是多种因素不断累积起来的。我们要想让客户知道我们的产品是物有所值的，可以先让客户了解产品的其他方面。与价格在同一层次上的因素如果条件够好的话，在价格上客户会做一定的让步。我们先看看哪些要素是与产品价格处在同一层次上的。

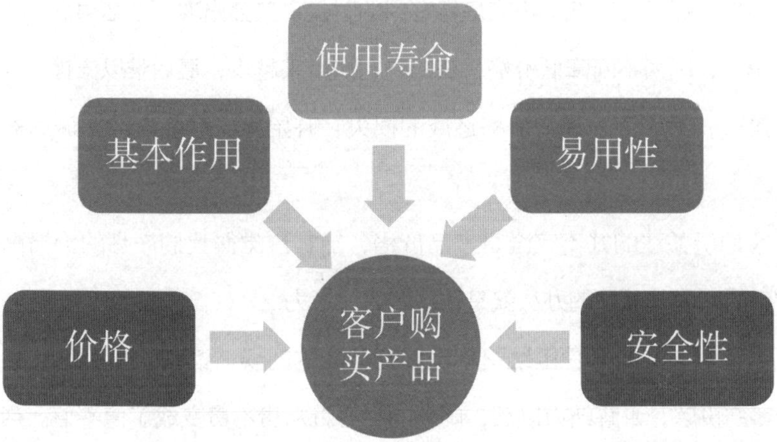

1. 产品的基本作用。客户购买产品时，最看重的是基本作用。一件产品能否实现其基本作用，代表着产品是否有价值。如果洗衣粉洗不干净衣服，电风扇吹不出风，不管价格多么便宜，客户也不会选择购买。

2. 产品的使用寿命。产品的使用寿命也在某种意义上决定了产品的性价比，例如具有同样作用的产品，一款能够使用两个月，另一款只能使用一个月，哪怕使用两个月的这一款的价格是另一款的1.5倍，也是划算的。因此，客户在购买产品时对于产品的使用寿命也是非常看重的。

3. 产品的易用性。一款产品如果使用起来非常复杂，即便拥有非常好的性能，也会有客户放弃使用。另一款产品使用起来非常便利，即便起到的作用不大，也会有客户经常拿来用用。很多产品复杂的使用方式会让客户打消购买的念头。

4. 产品的安全性。人们最在乎的是健康，一款产品如果存在安全隐患，可能会对客户造成伤害，那么这款产品的价值就会大打折扣。

当一件产品的价格不尽如人意的时候，以上几点表现出色，能够弱化价格方面的劣势。如果还不能说服客户，我们可以从其他方面着手。但不管怎样，也不能轻易降低产品价格。和对手打价格战，并不是赢得客户的好选择。

当你选择通过降低价格来赢得客户的时候，只会出现两个结果。

第一，因为不断降低价格，获得的利润越来越少，最后难以支撑。

第二，为了弥补降低价格造成的损失，开始降低产品质量，最后被客户抛弃。

客户所关注的并不完全是产品价格，当客户觉得我们产品的价格高于竞争对手的时候，最好的办法就是转移客户注意力。

当销售人员与客户围绕贵不贵展开话题的时候，销售人员可以从其他方面为客户讲解，讲解结束以后，问题的中心就从贵不贵变成了值不值。当客户觉得我们的产品价值配得上产品价格的时候，只要经济条件允许，就有极大的可能选择购买。

有些时候，客户表面上关心的是价格，其实只是想要砍价而已。这样的客户并不少见。

这种客户非常好分辨，他们在意的并不是价格，而是想要占便宜的感觉。如果销售人员碰见这样的客户，那就适当退让。哪怕只给一个小小的折扣，也会满足他们砍价的愿望。

有的客户特别在意价格，一再提到我们的产品价格比竞争对手的高。这是因为客户出于某种原因更加喜欢我们的产品，我们的产品又比竞争对手的贵，客户担心买了吃亏。面对这样的客户，销售人员要详细讲解我们的产品为什么比别人的贵，贵在哪里。

客户在意价格，但价格并不是决定一切的因素，最重要的始终是产品的价值。客户有各种各样砍价的原因，我们也有各种各样解决问题的办法。说到最后，还是要让客户了解产品的价值，了解我们产品的优势。很多时候，只要给客户一个合适的理由，把价格控制在合理范围内，就能够让客户满意。当然，销售人员在报价时还是要有策略，想要留出砍价的空间可以理解，但狮子大开口吓跑客户就有些得不偿失了。

真诚关怀客户，别只盯着客户的钱

销售人员的使命是提供给客户更好的服务。推荐客户购买产品，为客户提供咨询服务、售后服务，都是重要的服务内容。赚钱，是销售的目的，要想达成这个目的，就必须完成自己的使命。如果一心想从客户口袋里掏钱，把赚钱变成了自己的使命，将销售产品当成赚钱手段，那就本末倒置了。

或许有人会说，不管我的目的是什么，我是怎么想的，只要我能将好的产品推荐给客户，完成交易，还能赚到钱，就可以了。其实不然。有些人做销售不仅能够卖出产品，而且能跟客户成为朋友。客户拉客户，以后才有源源不断的客户上门。而有些销售人员没有维系好客户，客户购买了产品以后再也没有联系过。别说客户再帮忙介绍新客户了，连回头客都没有一个，这就是本末倒置带来的恶果。

你用什么态度对待客户，客户是能感受到的。当你只盯着客户口袋里的钱的时候，自然难以与客户建立良好的关系。在客户眼中，你只是一个想要赚他钱的人，并不在意他的感受。而当我们怀着一颗真心去关怀客户时，客户自然就会觉得你这个人不错，爱屋及乌，也会认为你推荐的产品不错。

怎样做才叫真诚关怀？这是困扰不少销售人员的问题。如何去关怀客户？很多公司在培训时已经给出了公式化的方案，比如定期回访客户，询问客户有什么需要，在节假日嘘寒问暖，在某些节日时送给重要客户礼物。这些叫作真诚关怀吗？其实不叫。你的嘘寒问暖是群发，你送的礼物客户也知道其他重要客户也都有，并不是独一份。就如同一个女孩喜欢上了一个对她很好的男孩，但当她知道这个男孩对谁都这样好的时候，一切就变得索然无味了。到底怎样才算是真诚关怀客户呢？

1. 牢记客户的基本资料。这对于销售人员来说是最基本的功课，不过大多数人在见完客户或达成第一次交易以后就将这件事情抛在脑后了。销售人员不能将这些资料当成从客户身上赚钱的工具，而应当成我们与客户建立长期联系的重要资源。

某人新开了一家酒吧，经营了一段时间以后，生意变得非常红火。为了更加便利和节约成本，他打算联系一家酒水供应商，作为固定的进货渠道。在反复考察以后，他发现有两家供应商是非常适合的。但是，做最后的决定时他却犯了难。他和这两家的销售人员谈了好几次，也没有个结果。

一天晚上，他突然听到小区里传来了火警的声音。走到窗边一看，他才发现楼下密密麻麻地站着不少人，距离他家不远处的一栋楼发生了火灾。火势不大，没多久就被消防员扑灭了。他觉得火势不可能蔓延到他家，于是准备睡觉。就在这个时候，手机突然响了，其中一家酒水经销商的销售人员在得知他所在的小区失火后，特意打来电话询问他是否平安，有什么需要帮忙的。在这之前的几分钟里，他已经接到了一些朋友和亲人的电话，没想到还有这样一个陌生人在关心着他。当即他就决定，要和这家酒水经销商合作。

仅仅知道客户的基本资料是不够的，如果你真的把客户当成朋友，真正关心客户，当客户可能遭遇麻烦的时候，一声问候不是很正常的事情吗？可惜人们往往忽略了这一点，导致不管他们在客户面前表现得多么殷勤，始终无法让客户觉得这是真心关怀。

2. 牢记客户说过的话。我们每天要记住的东西太多太多，特别是对一名销售人员来讲。国内外经济形势、竞争对手的进度、最近的热点新闻，这些都要去关注。但客户说过什么有些时候远比其他的事情重要，其他信息虽然对你的销售方式会有影响，但客户是直接决定这次交易能否成功的人。所以，我们要将更多的心思花在客户身上。

某销售人员与一位客户交流了几次后，觉得对方是真心想要购买产品。由于一些细节始终没能敲定，所以销售人员决定请客户吃个饭，在吃饭时把细节敲定，完成这笔交易。他反复挑选后，将与客户用餐的地点选在了一家当地口碑颇佳的海鲜餐厅。就在他告诉领导，自己一会儿要提前去海鲜餐厅，准备和客户做最后一次交涉的时候，领导的一句话让他出了一身冷汗："那个客户不是说过他对海鲜过敏吗？"

幸好这个电话没有打出去，否则别说敲定细节了，客户恐怕连去都不会去。销售人员赶紧取消了海鲜餐厅的预约，改成了一家川菜馆，结果当晚宾主尽欢，在用餐的时间里，客户和销售人员敲定了细节，并签了合同。

记住客户说过什么，这是真诚关怀、尊重客户的表现。如果你请一位海鲜过敏的客户去吃海鲜，这显然是一种冒犯、一种不尊重，客户因此翻脸也无可厚非。

真诚关怀客户，让客户知道我们与他来往看重的并不仅仅是金钱，我们平日里的恭敬不是假的，不都是看在钱的面子上的。当你真诚关怀客户的时候，你与客户之间的关系就不再是冷冰冰的金钱关系了，不仅仅只存在商业层面上的往来了。销售人员应该与客户成为朋友，应该提供各方面都合适的产品给客户。这既方便了自己又方便了客户，何乐而不为呢？

第六章

帮客户买不等于代替客户做决定

商业活动是建立在双方达成共识、彼此认可、互相信任的基础上的。只要有一方拒绝，那交易就不能达成。我们做销售时，要服务客户，要为客户着想，但不能替客户做决定，最终的决定权掌握在客户手中。

不要试图改变客户的想法

每件产品都有自己的定位，每个客户都有自己的需求。当对的客户遇到对的产品，销售人员只需要从中搭建一座桥梁就可以成功地将产品销售出去。如果客户没有遇到适合自己的产品，销售人员就应该将适合的产品推荐给客户。如果产品遇不到有需求的客户呢？我们能去改变客户的想法，将产品推荐给客户吗？

世界上存在着各种各样的人，每个人的想法都不完全一致。有些人觉得一定要吃早餐，不吃早餐一天都没有精神。有些人则不同，他们觉得吃早晨还不如多睡几分钟，早上喝一杯咖啡就不会饿。人与人之间的不同是客观存在的，是难以改变的，因为这些是由不同的生活环境、生活习惯形成的，并非一朝一夕间产生的。要想让一个人抛弃根深蒂固的想法，是不可能的事情。

我们做销售，目的是将产品销售出去，不管是从时间上还是从成本上，我们都不应该去改变客户的想法，这是一件工程浩大又收益不大的事情。我们要帮助客户购买产品，却不能代替客户做决定，就是因为我们没办法改变客户的想法。我们向客户推荐一件产品的时候，帮助客户购买产品的时候，有着很多很多的方法，唯一不要做的一件事情，就是改变客户的想法。

阿胶对于每个中国人来说都不陌生，这是一种常见的补品，具有补血益气的功效。在近年来的宣传中，各大厂家生产的阿胶被赋予了更多的功能，例如美容养颜、强身健体。因此，阿胶成为女性最常购买的补品之一。

如果我们单单从阿胶的效用角度看，男人也是可以吃的。有些人可能会说，自古以来阿胶是女人用来滋补身体的，男人不能吃。其实并非如此。古代医书《名医别录》中记载，男性如果小腹疼痛、身体虚弱、脚步虚浮，同样可以通过服用阿胶来改善症状。即便没有《名医别录》当中的记载，我们也不能说一款补血益气的补品是不适合男性的。

阿胶不仅适合女性，还适合男性，但是要想说服一位男性为自己购买阿胶，那几乎是一件不可能的事情。因为，在人们的心里已经确定了阿胶的定位，就是女性补品。因此，让一位男士购买阿胶，就只能从他身边的人入手，让他买给自己的母亲、妻子、女儿或者其他女性亲属，唯独不能让他自己买回去吃。

我们不能改变客户的想法，不要试图说服客户购买他觉得根本不合适、根本不需要的东西。但是，我们可以想办法改变产品的定位，甚至创造一种全新的产品定位，让这件产品变得符合客户的需求。

1. 在知道客户需求之前将产品定位简单化。在客户的心中，有些产品定位是适合他的，有些产品定位是不适合他的。这些产品定位就像是由关键词组成的雷区，关键词越多，产品定位越详细，客户踩雷的概率就越高。

如果我们能够将产品定位简化，那就意味着客户面前只有少量的几个关键词。一位男性客户在购买服装的时候，我们可以给出的关键词就是适合男性，随着我们对客户的了解，对客户需求的了解，关键词就会随之增加。如果客户想要购买一套面试时穿的衣服，那我们给出的关键词就应该是成熟、稳重。如果客户要穿着去参加朋友的婚礼，我们给出的关键词就应该是帅气、大方。只要我们开始将产品定位简化，就能够避开客户的雷区，增加对我们有利的关键词。

2. 告诉客户这件产品是他应该拥有的，让客户在购买时产生安全感。从理论上说，客户想购买产品的时候，就是对产品产生需求的时候。但有些人就是奇怪，经常会购买自己不需要的东西，而这种情况产生的根本原因是客户觉得自己应该拥有、应该购买这种东西。

应该拥有的东西，未必就是自己需要、马上就能投入使用的东西。在应该拥有的范围里，包括了人人都有的东西和低于正常价位的东西。这两种情况对于客户来说是同一种作用，那就是将来可能用得上。当前没有产生需求，并不意味着以后也没有需求。人人都购买的东西，你要不要准备一个？毕竟你也是个普通人，别人都买了，你可能哪天也需要买。产品正在做特价活动，你要不要买一件？万一以后要用再买可就没有这么便宜了。

如果客户并没有对产品产生需求，那么我们就让客户从心底里产生这种需求。客户为了避免以后出现麻烦，为了让自己更有安全感，也会选择购买产品。

我们不应该试图改变客户的想法，而应该尊重客户的想法。客户的心理是客观存在的，是难以动摇的。当我们试图推荐一件不存在于客户心中的产品时，要么将产品变得符合客户的需求，要么就从客户意识当中重新开辟一片空白区域，不论如何，改变客户的想法是一件不可能完成的任务。再好的销售，能够做到的也是帮助客户购买产品，帮助客户遇见对的产品，而不是替客户做决定。

给客户一些思考时间

我们做销售时，是有系统性销售流程的。如何准备资料，如何获得与客户交流的机会，如何说服客户、将产品卖给客户，需要一步步进行。只有流程对了，进展顺利了，销售人员才会更顺利地将产品销售出去。那么客户呢？客户购买产品难道就是一瞬间做的决定吗？并不是。客户在购买产品时同样有自己的一套流程。

对于销售人员来说，客户有购买欲是一件好事，我们需要与客户交流，向客户推荐产品，最后达成共识。但是，销售人员如果只顾着自己的流程，不顾及客户的购买流程，会让客户感到困惑，降低购买意愿。

那么，客户在购买产品的时候，究竟有哪些流程呢？

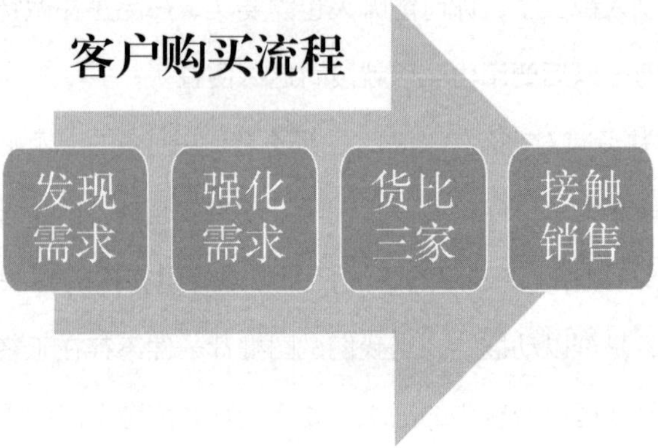

第一阶段，发现需求。客户的需求并不是一开始就存在的，有一个从无到有的过程。开始时客户的购买欲并不强烈，对于产品还没有上升到非要不可的程度。对于销售人员来说，处于这个阶段的客户可以服务，但是不要投入太多的时间和精力。

一个有需求但是购买欲不强的客户，是需要大力刺激的，或许是产品的价格非常诱人，或者是产品的购买途径让客户觉得极其方便，又或者是产品的功能强大到让客户为之折服。不管哪一种，总归是要有强大的刺激，处于这个阶段的客户才会选择购买产品。

打断客户的购买流程并不是一个好的选择，如果我们遇到了这个阶段的客户，不妨先让客户对我们的产品有一个深刻的印象。客户不购买也不要紧，先让客户全面了解一下，但尽量不要涉及价格问题。

第二阶段，强化需求。在这个阶段，人们会逐渐意识到自己过去使用的产品不好用，或者突然意识到自己缺少某种产品导致生活十分不便。这个时候，客户的购买欲会进一步增强，最后下定决心，要购买一款产品。

处于这个阶段的客户已经产生了足够强的购买欲，但是将产品推荐给这个阶段的客户也不是件容易的事情。因为任何一个有理智的人在选购一款产品的时候都不会是无缘无故的，即便已经拥有了足够强烈的购买欲，也不可能马上就冲到销售人员那里，没头没脑地购买一款产品。

我们为处于这个阶段的客户推荐产品是有显著效果的，虽然客户不会马上购买，但我们会成为客户的选择之一。

第三阶段，货比三家。在这个阶段，客户就要开始寻找目标了。这个目标可能来自电视广告，可能来自身边朋友的推荐，当然也可能是在第一阶段或者第二阶段被某名销售人员推荐过的产品。

此时，我们已经成为客户的选择之一。当我们遇到这个阶段的客户时，就要做和其他产品竞争的准备了。处于这个阶段的客户大多已经自行了解了产品，我们作为销售人员，要告诉客户我们产品的核心竞争力在哪里，相比于竞争对手我们的产品有哪些特点。要不断强化客户的记忆，让客户在比较的时候记得我们的产品有多好。

第四阶段，与销售人员接触，敲定剩下的事情。处于这个阶段的客户，在货比三家以后可能已经认可了我们的产品，但这不代表一定会购买我们的产品。客户考虑的因素还有很多，例如价格、售后服务、与销售人员的交流是否顺畅，这些都会成为客户是否购买我们产品的重要因素。

对于销售人员来说，这个阶段是决胜阶段。在前两个阶段我们不必告知客户产品的价格，在第三个阶段不必讲太多我们的服务，但到了最后一个阶段，我们要全力以赴留住客户。所有优惠、服务、赠品，都可以逐渐地让客户知道，同时可以为客户全面介绍产品的细节。当客户全面了解了我们提供的产品和服务，也知道了自己要花费多少钱，客户觉得这满足了自己的需求，这是个合理的交易时，就会决定购买。

万事万物都有其发展规律，销售产品同样如此。不按照事物的发展规律，是很难达到我们想要的目标的。因此，在销售产品的时候，我们要尊重这种规律，尊重客户心态变化的过程。一旦客户进入购买流程，我们只需要按照流程做正确的事情，而不是打断客户的思考，迫使客户更改自己的购买流程。

强迫客户改变购买流程，只能让客户感到迷茫。即便产品与客户非常匹配，也无法顺利达成交易。多给客户一点时间，不仅能够坚定客户购买的信念，也能让我们自己少做一点无用功。

把自己的建议包装成客户的想法

每个人都是独立的，都有权在不伤害他人的情况下做出自己的选择。在购买产品的过程中，客户渴望独立思考，渴望自己做决定，但销售人员的职责是向客户推荐适合的产品，给客户建议，帮客户购买产品。客户与销售人员的想法可以说是有些冲突的。我们要让客户听我们的建议，又不能让客户产生逆反心理，最好的方法就是让客户觉得我们的建议就是他的想法。

把我们的建议变成客户自己的想法，最好的方法就是让这个建议从客户自己的口中说出来。因为是从自己口中说出来的，客户的自尊心能够得到极大的满足。我们要做的就是引导客户说出我们想要给他的建议。在讲解怎样引导客户之前，我们先看一个例子。

销售人员想要将一款财务软件推荐给某公司，但是公司负责人对于财务软件的重要性并不十分了解。

销售人员："先生，如果您购买这款财务软件，我可以向您保证，您公司的财务管理会变得更加简单、更加容易。"

客户："我觉得我们公司不需要这么一款财务软件。你也看见了，我们公司的规模不大，两个会计已经足够了。"

销售人员："那您觉得他们在处理财务问题的时候效率如何呢？"

客户："我觉得不错啊！除了月末盘点的时候会忙碌一些，平时会计都不需要加班。"

销售人员："那您公司在盘点的时候出现过财务问题吗？"

客户："这……的确有些时候记账会出问题，那也是没办法的事情。一个会计忙不过来，两个会计有时候又会重复记录。"

销售人员："那请问核实起来麻烦吗？"

客户："是挺麻烦的，要一张张单子查找、核对。要是业务员要用单子的话，就更麻烦了。"

销售人员："这款财务软件具有搜索功能，只要双方有记账，有出入的金额，马上就能找到是哪张单子出了问题。您觉得搜索几个数字简单还是一张张翻找账单简单？"

客户："那肯定是输入数字查找更简单了，在软件上搜索的话，有单子出现问题可能一秒钟就找到了，软件的效率高多了。"

销售人员："您觉得纸质单子和电子软件当中的记录哪个更容易丢失呢？哪个保密性更强？"

客户："单子就放在会计的办公桌上，即便有门锁，也防不住有心人。软件有密码，输入的东西又不会丢，保密性肯定更强。"

销售人员："您的公司将来一定会越做越大的，小作坊的经营模式势必会限制您公司的发展。如果公司想要正规化，核算账单的时候就不应该那么随意，不是吗？再说，再好的会计也会有忙中出错的时候，用软件会让工作更加轻松，让会计更加认真，一定比一到盘点的时候会计就要加班好，您觉得呢？"

客户："的确是。那么多数字，总有看花眼的时候。这么多年了，也不知道算错了多少账，少赚了多少钱。"

销售人员："以您公司的规模，一年因为账目造成的损失就比我们一套财务软件要贵了吧？"

客户："可不是嘛！你们的软件也不贵，我买一套吧。"

要想让我们的建议变成客户自己的想法，我们要进行恰当的引导。特别是引导式的提问，很容易让客户自己说出我们想要给客户的建议。有几种提问方式，可以有效对客户的想法加以引导。

销售人员用类比的提问方式让客户知道产品是物超所值的。很多客户的购买欲不强，是因为需求不够强烈。这个时候，客户往往会觉得自己过去没有这件产品过得也不错，何必要花这份冤枉钱呢？还有些客户觉得贵的东西的确比便宜的要好，但是性价比太低，不划算。采用类比的方式向客户提问，可以消除客户的这一印象。

例如，某客户觉得花费1000元购买某产品非常不划算。销售人员注意到客户有吸烟的习惯，于是询问客户："您每天要吸多少支烟？"

客户："一天不到一包吧，除非有特殊情况。"

销售人员："那您一包烟要花多少钱呢？"

客户："这种烟不算贵，一包才10元。"

销售人员："我们的产品使用寿命能达到3年以上，3年以内保修，平均下来每天只要1元钱，为什么不试试呢？”

又如，某客户觉得名牌鞋的确比普通鞋要好，但是价格贵了5倍，并不划算。

销售人员：“您多久买一双新鞋？”

客户：“每年都要买新的，这些鞋子穿上一年就坏了。”

销售人员：“我们的产品至少能穿三年，您为什么不试试呢？”

客户：“即便能穿三年，也不划算啊。”

销售人员：“我们的鞋子品牌更好，让您穿出去更有面子。我们的鞋子也更舒服，能从各方面为您的脚提供保护。三年都穿一双好鞋和每年都换一双普通的鞋子，哪个更划算呢？”

用答案显而易见的问题引导客户说出我们产品的特点，也是常用的提问方式。坏的产品各有各的问题，好的产品往往是相似的。要让客户承认我们的产品够好，就必须要让客户自己说出我们产品的优点。例如，客户觉得产品之所以价格昂贵，是因为品牌溢价，这时销售人员要引导客户改变自己的看法。

销售人员：“您觉得本市最好的餐馆是哪一家？”

客户：“当然是××餐馆，总是人满为患，周末还要预约。”

销售人员：“请问那里菜品的价格与其他餐馆相比怎样？”

客户：“当然是贵一些，不过就味道来说是物有所值的。”

销售人员：“那您经常光顾吗？”

客户：“当然了，我可是常客。”

销售人员：“先生，××餐馆的菜品之所以贵一些，是因为用了上好的食材和知名厨师。我们的产品就如同您经常去的××餐馆一样，之所以价格稍贵，并不是因为品牌具有较高的知名度，而是因为我们的产品功能好，质量过硬。也正是因为具有这些特点，我们的品牌才能成为名牌。”

要想将我们的建议包装成客户的想法，就必须因势利导，让客户自己明白，让客户自己说出来。否则，你对客户说得再多，费尽口舌，也难以让客户完全相信。当他们自己把我们的建议说出口的时候，反而会成为产品的忠实拥护者。

遇到疯狂砍价的客户怎么办

客户砍价，是很常见的事情。俗话说："漫天要价，就地还钱。"销售人员有权利向客户提出自己想要的价格，客户也有权利告诉销售人员自己认为什么价格合适。商业行为中，开价和砍价都是自由的，都是不被限制的。但是有些时候销售人员会碰到一些不顾产品价值，不管现实状况，一心只想着砍价的客户。

这种客户从一开始就把价格压得很低，之后在讨价还价的过程中也摆出一副寸土不让的架势。砍价对于客户的确有好处，但是有些客户在砍价这件事情上所表现出的状态是非理性的。我们要如何应对这种客户呢？没有无缘无故砍价的客户，特别是我们已经报出了一个很低的、合理的价格时。我们要先找到客户砍价的原因，才能找到相应的解决方案，做到"兵来将挡，水来土掩"。

1. 客户不依不饶地一直砍价，往往是因为客户在之前经过一些调查，觉得你的产品比其他产品贵。

即便是同类产品，也不可能是完全一样的，或许是质量上有区别，或许是材质上有区别，或许是做工、设计上有区别。不管区别在哪里，你的产品与其他同类产品就是存在价格上的不同。面对因为你的产品比别的产品贵而一直砍价的客户，销售人员要告知客户自己的产品贵在哪里、优势在哪里，而不是降低自己的价格，把自己的产品拉到和对手同等的价格水平上。

2. 客户一直砍价，可能是之前有一些诉求被我们忽略了。很多客户在购买产品之前会做功课，无论是通过查询资料，还是问询身边购买过产品的人。在与销售人员交流的过程中，客户觉得自己得到的比其他购买产品的人要少，就会产生不平衡的心理。还有些客户，在服务或者其他方面有要求，但是一直没能得到销售人员的及时回应，所以才会一直砍价。

这种客户在砍价的时候往往另有所图，话里有话，只要我们多留意一下，就能够找到客户对价格不满意的原因。是不是我们漏掉了关键的部分？又或者是欠客户一个解释？只要满足了客户的需求，客户砍价的行为就会停止。举个例子，能更加生动地说明这个情况。

客户："你们的产品太贵了吧？一个小茶几就要2000元。"

销售人员："先生，我们的茶几已经很便宜了。您看中的这张茶几是使用优质樑木制成的，采用全榫接工艺，结实耐用。您花2000元购买这款产品，绝对是物有所值的。我们正在做活动，您今天购买，还可以给您打八折。"

客户："1600元也不便宜啊，还是太贵了，再便宜点吧。我们小区有不少人买了你们的茶几，我听说你给别人的可不是这个价。"

销售人员："先生，1600元这个价格已经很实惠了。跟您实话实说，这几天的八折活动，已经是在赔本赚吆喝，以成本价销售了。算上运输费用、销售人员的薪水，公司一分钱都没有赚，可能还要亏钱。"

客户："不可能，绝对不可能。我之所以选择购买你们的茶几，就是因为去朋友家看见他们家买了一套。我当时一看，这小茶几上摆着茶具，古色古香的，挺有意思。一问价格也不贵，我才决定要买一套的。"

销售人员这才想起来，之前都给这个小区的几位客户赠送了茶具，赶紧说："先生，价格我们真的不能再让了。不过您要是购买的话，我私下做主，再赠送给您一套冰裂茶具，您看如何？"

客户："好吧，我也是诚心要买，不讲价了，就1600元吧。"

3. 客户只是觉得贵了。单纯觉得产品贵了的客户是最难搞定的，他们没有别的目的，只是想要用更低的价格购买产品，进而不断砍价。要想将产品卖给这种客户，就必须和客户正面交锋。

挖掘痛点是面对这种客户时最好的办法，毕竟客户想要购买产品，必然是有其原因的。特别是一些客户在使用老产品的时候有一些不愉快的经历，这可成为我们利用的痛点。

某位客户想要购买一款鼠标，在挑选鼠标的时候向销售人员大吐苦水，说之前买的鼠标虽然是名牌产品，但用了不到3个月就出故障了，返厂维修用了半个月的时间，没用几天又出了问题，所以这一次一定要买一款质量过硬的鼠标。

销售人员为客户推荐了一款鼠标，客户也很满意，随后客户就开始砍价了。销售人员为客户打了折扣，客户还是不满意，有点要放弃购买的意思。这个时候，销售人员对客户说："我们店里也有其他品牌的鼠标，有不少都符合您的心理价位。我之所以为您推荐这一款，正是因为您对鼠标有很高的质量要求。如果我为您推荐一款便宜的，可不敢保证您不会重复上一次的经历。"听完销售人员的话，客户思索了一会，就付钱了。

委婉地向客户表示自己已经无法让步也是一种办法。当客户步步紧逼的时候，要让客户知道，不是我们不想让，而是真的不能让。例如，销售人员这样告诉客户："这个价格我已经连提成都拿不到了，就是为了冲销量，让业绩好看一点。"

任何客户对我们来说都是重要的，即便客户疯狂砍价，我们仍然要提供最好的服务，不能告诉客户“就这个价，爱买不买”。

客户拿产品和竞品对比怎么办

客户在购买产品的时候必然会经过比较，除非这件产品对于他来说并不重要。我们要面对的客户，在来到我们面前之前，往往已经考察过其他产品了。货比三家是客户的权利，是我们无法阻止的、必然会发生的一种情况。客户在进行比较以后，在与销售人员交流的时候必然会将其了解到的情况一一道来。

其实，比较并不完全是坏事。客户在进行比较的时候，会发现我们的问题，但也会看到我们的优点和长处。当然，客户在与我们交流的时候，特别是在谈产品价格的时候，是很少会谈到我们产品的优点的，多数时候只会谈到我们的产品在哪方面不如竞争对手的产品。

竞争对手，重点在于竞争，而不是对手。既然有竞争，那就有胜负。既然客户将我们与竞争对手进行比较，那我们就要在客户心中胜过对手，这样客户才会选择我们的产品。

要想让客户相信我们的产品比竞争对手的好，那就要先去了解竞争对手的产品。知己知彼，方能百战不殆。如果连竞争对手的产品都不了解，我们自然就没有办法分辨客户所说的是真是假。

了解竞争对手的产品时，首先要了解竞争对手的产品的优势在哪里，因为竞争对手的产品的优势才是客户与我们产品相比较的重点。当客户说出对方产品的优点时，我们要能够一针见血地说出这个优势与我们的产品相比差别究竟有多大，综合比较下来二者的差距有多大，我们产品的综合水平是否能够超越竞品。

其次，要了解竞争对手产品的价格。价格是客户关注的重点，有些时候甚至能成为客户做决定的关键因素。产品的价格往往比较透明，但是我们要注意赠品、返利等特殊情况。例如，两款净水器价格相近，其中一款赠送给客户可使用一年的滤芯，另外一款则只赠送给客户能够使用三个月的滤芯。如果我们不了解实际情况，觉得自己的产品赠送能使用三个月的滤芯已经能超越对手了，那在客户进行比较的时候，我们其实已经处于劣势了。

最后，要了解竞争对手的劣势在哪里。这可能是我们与客户交流时最不重视的地方，客户不会告诉你竞品的劣势在哪里，可能在整个比较过程当中也鲜少涉及。但是，我们的产品不可能全面落后于竞品。对手的劣势是我们最后一根救命稻草，点出竞品的致命缺点能够让我们扭转局势。

说对手的坏话这种行为尽量不要做，诋毁对手更不应该。特别是从一开始就诋毁对手，有些时候不仅会让客户厌恶竞争对手，还会让客户厌恶你。如果不能理解，那我们不妨来设定几个场景，让你知道为什么客户会厌恶你。

场景一

销售人员："他们的产品根本没有宣传的那么优秀，刚开始用起来还行，稍微用一段时间就出故障了。用他们产品的人，大多是对产品一无所知、不懂行的。"

客户："哦，我之前用的就是他们的产品。"

客户之前可能是竞争对手的客户吗？当然有可能，而且可能性是很大的。如果我们贬低竞争对手的产品，那么购买了竞争对手产品的客户是什么人？是傻瓜吗？至少客户会觉得自己的眼光被贬低了。有些客户为了维护自尊，甚至会为竞争对手辩护，这个时候销售人员若继续说下去，就会与客户发生争执，良好的交流氛围就不复存在了。

场景二

销售人员："那个牌子的产品啊，真的不太好，简直一无是处，价格还不便宜，用不了多长时间就会坏。"

客户："那你们的产品怎么还没完全占领市场啊？和他们的竞争也没见你们完全胜利啊？"

竞争对手的产品之所以能与我们抗衡，必然是有其优点的。如果对手的产品一无是处还能与我们竞争，那不就意味着我们的产品也很一般吗？与你旗鼓相当的对手，地位和你是对等的，将他们打入十八层地狱，那我们的地位最好的情况下恐怕也就是在十七层而已。我们不能抬高竞争对手，但也不能过于贬低竞争对手，这样不利于在客户心中树立我们品牌的形象和地位。

场景三

客户："×牌子的产品挺不错的啊。"

销售人员："他们的产品比我们的差远了。他们的产品之前一直出问题，虽然客户不太清楚，但是在业内他们的技术不行是出了名的。短时间内可能试不出产品有问题，时间一长你就知道了，跟我们的没法比。"

客户："那××牌子呢？用过的都说还可以。"

销售人员："他们就是靠着牌子和广告，品控太差了。幸好产品卖得多，说用得好的人才多。你注意看看，说他们不好的人也不少。"

客户："×××牌子不错……"

销售人员："×××牌子不行……"

客户："你这人的人品有问题啊！怎么谁的产品都不好？只有你的好是吗？还是你害怕我试过以后发现人家的产品比你的产品强啊？"

一直说别人不好的人，想来自己的人品也不会好到哪去。客户称赞竞争对手时，正确的方法是要证明我们的产品比竞争对手的产品好，而不是去反驳客户。一直反驳客户，不仅显得我们心虚、畏惧，还会拉低我们在客户心中的形象，让客户觉得我们素质低下。

所以，当客户拿我们与竞争对手做比较的时候，我们要自信，要能全面、客观地评价，而不是去贬低、抹黑竞争对手。

别拿专业术语忽悠客户

“忽悠”这个词被赵本山的小品赋予了新的含义，从描述一个人能言善辩变成了欺骗的同义词。要想成为一名好的销售人员，能言善辩是需要的，但是蒙骗客户是万万不可的。当我们向客户介绍产品的时候，客户会觉得我们是在忽悠他吗？当然有可能。如果销售人员全程使用难懂的专业术语向客户介绍产品，客户自然可能生出一种被忽悠的感觉。客户不了解产品，又觉得销售人员在蒙骗他，自然不会购买产品。

我们之前说过，要想让客户觉得我们是专业的，要想让客户更加信任我们，使用专业术语是一种可行的办法。但是，使用专业术语的时候一定要注意频率。在介绍产品的时候偶尔使用专业术语，客户会觉得这是专业性的表现，是知识量的体现。但如果全程都在使用术语为客户讲解，会让客户以为你无法使用通俗易懂的语言讲解，客户也很可能根本听不懂你在说什么。

某音乐爱好者想要购买新耳机，他在两款产品之间犹豫不决，打算让销售人员帮忙推荐一下。

客户：“你好，我想要买个耳机，这两款哪款好一点呢？”

销售人员："先生，您可真有眼光。这两款耳机都非常出色。要将这两款耳机分出个高下是非常困难的，您对音乐有什么偏好吗？"

客户："我平时也就听听流行歌曲，喜欢听人声多一些，乐器少一点的。"

销售人员："这两款耳机都是非常优秀的，如果硬要做个对比的话，××在4kHz以后的表现比×××更好一些。您平时喜欢听男声多一些还是女声多一些的音乐呢？"

客户："女声稍微多一点吧。"

销售人员："那推荐您购买××耳机，但是××耳机有个问题，在4kHz以后虽然表现超过了×××耳机，THD曲线却逐渐走高，希望这不会对您造成影响。"

客户："THD是什么意思？"

销售人员："THD是总谐波失真的缩写，也就是电流信号失真，与声音频率有关。输出信号与实际输入的信号进行对比，可以得出一个百分数，就是我们说的总谐波失真了。"

客户："我一时还做不了决定，让我再考虑一下吧。"

当客户不明白你在说什么的时候，客户要如何判断产品的好坏呢？客户又如何做是否购买产品的决定呢？客户之所以会购买产品，是因为了解了产品的优点，是因为知道这件产品可以满足自己的需求，是因为这件产品能够改善自己的生活。当客户不知道产品好在哪里，不知道产品会对自己有多大的影响时，就会觉得缺少安全感，也就不会购买产品。

我们要想让客户购买产品，要适度使用专业术语，这样既能保证我们在客户心中的专业度，又能让客户更加了解产品。这个尺度，应该是由具体情况决定的。

客户的身份是决定我们是否使用专业术语，使用多少专业术语的重要标准。每种产品都有自己的用户群，但即便是同一个用户群，每个个体之间也会有巨大的差异。这是每个人的学历、年龄、成长环境、家庭状况所导致的。你所面对的客户，如果受过良好的教育，年龄也不算大，能够接受新鲜事物，那么不妨多使用一点专业术语；如果你面对的客户年龄较大，或者文化水平不算太高，那就要尽量少用专业术语。

一名保健品销售人员在为客户推荐产品的时候经常使用专业术语，如“保健品中含有×种微量元素，×种××酶，这些有抑制×××的分泌，修复软骨等好处”。他特别勤奋，却始终没做出什么成绩。而他的一位同事呢，讲解得非常简单，如“这保健品有营养，能保护关节，使关节不容易受伤。以前腿有问题的，经常吃就不疼了”。

他们服务的是老年人，很多老年人受成长环境所限，并没有太高的文化水平，使用大量的专业术语容易让他们听得一头雾水。而简单、直接地告诉他们产品能干什么，反而比用专业术语讲解更有效。

形象的比喻是让客户理解专业术语的最好方法。很多时候销售人员在向客户解释产品的功能与特点时会遭遇一个问题，那就是使用专业术语的话客户听不懂，不用专业术语的话又很难解释，这个时候做形象的比喻就再合适不过了。

在前面买耳机的例子中，销售人员为客户讲解什么是总谐波失真的时候，如果能使用恰当的比喻，客户马上就能够明白：“储存在设备里的音乐就好像是装在水缸里的水一样，当我们从水缸里取水的时候，自然希望取到跟存进去时完全一样的纯净水。但实际上，电路在发生振荡时会产生二次甚至三次的谐波，就好像水缸在刮风的时候进了一些灰尘，这样我们取水的时候会发现水并不像我们放进去的时候那样干净了。”这样的介绍，虽然不能让客户彻底明白总谐波失真是什么意思，但总归能有大致的了解。

让客户认可我们产品的先决条件是客户了解我们的产品，知道我们在说什么。如果客户连我们在说什么都不知道，对产品没有一个清晰的认识，客户就不可能对产品有购买欲。

使用专业术语，要看具体情况。不是什么时候，对什么客户都该使用专业术语。但是，放弃使用专业术语也是不对的。专业术语虽然不能完全帮助客户理解我们所说的内容，但能够让我们在客户心目中的形象更加专业，放弃使用专业术语是得不偿失的做法。

让客户愿意买的定价策略

定价，是一件产品能否被客户接受的重中之重。如果定价策略不合理，客户在听到价格的时候很可能马上就会打退堂鼓。只有采用合理的定价策略，才会让客户愿意购买产品，才会让客户不会因为价格而放弃了解产品。

很多销售人员会觉得，自己并不能决定产品的出厂价，产品的价格也不是完全由自己控制的，自己怎么能制订定价策略呢？而且，如果想让客户愿意买，那不是越便宜越好吗？其实并不是这样的。让客户购买产品，并不是定价越低越好。很多时候，销售人员在定价、向客户报价的时候都是有技巧可以使用的。特别是在销售多件产品的时候，可以使用的技巧就更多了。

产品定价技巧

产品报价	·整数定价 ·四舍五入定价
产品性价比	·全面包装 ·专属包装
制造错觉	·降低部分产品定价
层次和档次	·定价有层次 ·优惠分档次

首先，报价可以利用客户对数字的认知。这是一种比较老套的方法，但非常实用。早在多年以前，就有营销高手发现人们对整数是非常敏感的。例如，999元在人们心里是个不到1000元的价位。但如果定价是1010元，那么在人们心中这款产品的价格就是1000多元。实际上，这两个定价相差只有11元，但是人们在心中已经将其划到了两个截然不同的档次上。所以，我们在报价的时候要尽量避免整数，减少1元钱，就能让客户感觉便宜一大截。

此外，还有一种定价方法，那就是四舍五入定价法。这种定价方法主要源自人们对于定价说法的不同：一件43元的产品，人们会说这件产品的价格是40元出头；而一件47元的产品，人们就会说这件产品的价格将近50元。40元出头和将近50元，听起来要差10元左右，但实际上只差了4元。这种差距可以让定价更灵活，有时候舍弃几元的利润，就能增加客户购买我们产品的可能性。

其次，在价格不变的情况下，让客户觉得买到了更好的产品。都说人靠衣装马靠鞍，产品和品牌同样需要包装。同一件产品，精致的包装和简单的包装给客户留下的印象是截然不同的。提高产品的档次，让产品看起来更加高档的包装方法有很多。

最简单的办法是全面包装。一件产品如果包装简陋，即便产品本身非常好，也难以掩盖其廉价感。如果包装精美，成本可能只提高了一点点，但是能让客户觉得我们的定价更合理，让客户觉得自己购买的产品物有所值。

专属包装也是提高产品档次的一种方式。当所有的产品都使用相同包装的时候，产品就显得十分普通。如果产品有专属包装呢？那就说明商家对这件产品十分重视，也从侧面说明了产品本身的优质。如今就连外卖商家都会在餐盒等处印上自己的店名，这不仅能起到宣传的作用，还能够提高档次。

一些小配件也能够将我们的产品与其他产品区分开来，显得我们的产品档次更高。某品牌户外鞋在鞋盒里放了一小块印有品牌商标的皮革，这块皮革就是鞋子采用的材质，看似毫无作用，却能够说明鞋子的质量上乘。另外，这可让客户知道他们敢于展示自己的品牌，这么有信心的品牌，产品自然是上档次的。

再次，用一些产品的售价为客户制造错觉。有些产品毛利较低，销量不错，很多客户都喜欢。当客户货比三家的时候，往往对比的就是这些最常购买的产品。这时正确的策略是降低这些产品的定价，这就能让客户在选择的时候产生一种我们卖的产品比别人的更加实惠的错觉，让客户更加愿意购买我们的产品。

实际上，客户在购买这些产品的时候也会顺便购买其他产品，这样就提高了其他产品的销量，总体上对我们还是有利的。如果客户和我们建立了长期的联系，培养出了消费习惯，所有的产品都能在我们这里购买，那就赚大了。

最后，定价要有层次，优惠要分档次。任何一件产品的定价都是有依据的，就拿饮料来说，小瓶的容量是大瓶的一半，但两个小瓶的价格高于一个大瓶。这里的确是有包装成本较高的关系，但更可能是商家采用定价策略，诱使客户购买大瓶饮料，以便提高销量。我们在定价的时候也要使用这种策略，即买得越多，就越便宜。

做活动、给优惠同样如此。如果优惠条件是“满100减25，满200减50”，对客户来说显然缺少诱惑力，因为满100和满200优惠的幅度是一样的。那么，客户自然是达到优惠的门槛就好，不会想要购买更多的产品。如果换成“满100减20，满200减50，满300减100”，那么客户自然倾向于购买总价更高的产品，以享受更高的折扣优惠。

不要盲目定价。我们在定价的时候要考虑客户在对比我们的产品和别人的产品时，如何才会更愿意购买我们的产品；如果客户选择购买我们的产品，如何能让客户多购买、长期购买。这样的定价策略才是正确的。所以，我们在定价的时候，最重要的就是要合理，就是要让客户购买我们的产品。

帮客户省钱，你才能赚钱

在很多销售人员看来，自己的任务就是帮客户花钱。客户花得越多，销售人员就赚得越多，只不过好的销售人员能够让客户觉得钱没有白花。若帮客户省钱，那自己还怎么赚钱？即便能赚钱，赚到的也比之前要少。怎么能做亏本买卖呢？

其实，帮客户省钱，并不是做亏本买卖。如果能帮客户省钱，你获得的收益要远远超过拼命从客户口袋里掏钱。

某客户想要购置一台抽油烟机，慕名来到一家厨灶用品店。经过多番观察，最终他选择了一款价格较贵的抽油烟机。当他和销售人员交流完，准备付款的时候，发生了如下对话。

销售人员："请问先生是只需要抽油烟机吗？"

客户："不是，我打算购置一整套的厨灶用具。我目前就看好了这一款抽油烟机，所以先定这一个。"

销售人员："虽然这款抽油烟机质量比较好，但是我不推荐您单独购买。您注意一下它的配色和造型，想要找到风格一致的燃气灶可不太容易。"

客户："不会吧？你看那边那个柜台，那个燃气灶看着就和这个抽油烟机挺配套的。"

销售人员："那您注意到它的价格了吗？那款燃气灶的价格很高，而且您仔细看，其实只是颜色相近，看久了就会发现差距还是很大的。我所知道的另外几款和您选中的这款抽油烟机外观配套的燃气灶价格都不便宜，而且有几款要调货，要一个星期才能到。"

客户："那能怎么办？我就看上了这种风格的，只能认了……"

销售人员："先生，我推荐您购买这款同系列的烟灶套装，不仅外观风格类似，而且价格比单独购买便宜，还能节省您寻找的时间。"

最后，客户选择购买烟灶套装，不仅客户省了钱，节约了寻找合适的燃气灶的时间，而且销售人员拿到了更多的提成。

帮客户省钱，我们赚钱，这两件事情并不冲突。如果我们能够帮助客户省下钱，用于购买我们的其他产品，那么我们与客户就能双赢：客户省钱，我们赚钱。

帮客户省钱，更容易与客户建立起长期稳定的关系。当我们与客户初次见面的时候，彼此是很难信任对方的，客户要提防的是销售人员会想方设法地从客户口袋里多掏钱。作为一名销售人员，如果想要获得客户的信任，最简单的方式就是帮客户省钱。当客户做出的决定不合理时，当客户购买的产品有太多性能超出了客户的使用范围时，如果销售人员能为客户提个醒，客户就能省钱，从而会更加信任销售人员。当信任关系彻底确立以后，客户就会长期与销售人员合作，达成一种默契的合作关系。

某餐馆位于北方某大学附近，经常会有学生前来就餐。由于地域差异，很多南方学生并不知道北方餐馆的菜量远大于南方，所以点菜的时候经常会做出不理智的选择，点了根本吃不完的菜。

餐馆的小老板每当这种时候都会好心提醒："点这几个已经够吃了，不用再点了。"几乎每个去该餐馆用过餐的学生都觉得老板的为人要比附近其他几家餐馆实在，没有因为想要多赚钱就眼看着他们多点菜。正因为如此，来餐馆吃饭的人络绎不绝，大部分都是回头客。

利用客户对产品的不了解，可以让你多赚一次钱。但是，客户只要购买一次产品就能够收获教训。与其多赚一点钱，倒不如利用这一次机会给客户留下一个好印象。客户对我们的印象好了，就多了一些与我们长期合作的可能。长期合作以后，我们赚到的钱要远远比一次从客户身上赚到的钱要多。

客户与我们之间的关系应该是互惠互利的，应该是站在一边的，而不是对立的，彼此防备的。我们帮助客户省钱，客户认可了我们，那我们就会很可能多赚钱。

某净水器销售人员发现一位客户经常来购买滤芯，于是就好奇地问了一句净水器在使用的时候遇到了什么问题，需要经常购买滤芯。当这名销售人员与客户进行了一番交流之后，发现客户在使用净水器的时候犯了一些错误，导致滤芯消耗极快。于是，销售人员前往客户家中，帮忙调试好了净水器，还为客户提供了很多建议。这本是销售人员的无心之举，却帮客户省了不少钱。没多久，这位客户就带着自己的朋友来找他，说他的朋友也要购置一台净水器。这位朋友之前一直没有购买，是因为一直听他抱怨说滤芯替换太快，总是要买新的。如今这个问题解决了，他也就没什么顾虑了。之后，这位客户帮他卖出了好几台净水器。

250定律：每位客户身边都有250位潜在客户

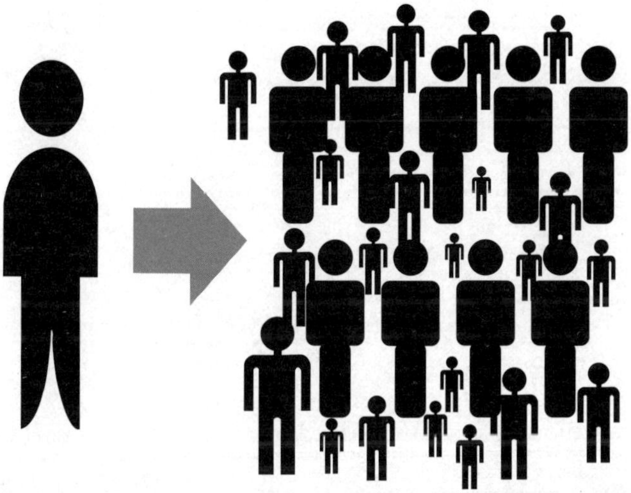

美国最著名的推销员之一乔·吉拉德曾说过，每位客户身边都有250位潜在客户。在销售界，这也被称为250定律。因此，当你得罪一位客户的时候，你就可能失去了这位客户身边的250位潜在客户。而如果你认真服务了一位客户，你就可能会获得250位潜在客户。这些潜在客户能否顺利转化为有效客户，还要看这位客户是否愿意为你提供帮助。

因此，当你为一位客户省钱的时候，你可能就会收获250位潜在客户，甚至马上就会有几位有效客户找上门来。

帮助客户省钱就是帮我们自己赚钱，这看似是个悖论，实际上是不折不扣的真理。要想从客户身上赚钱，那就要先想着如何才能帮客户省钱。一旦我们帮客户省下了钱，和客户站到了一边，甚至成了客户的朋友，客户又有什么理由亏待我们，不让我们赚钱呢？达成双赢，互惠互利才是商业行为的最终目的。

第七章

怎样帮客户买到最需要的产品

客户需要什么样的产品？我们拥有什么样的产品？我们的产品能为客户做些什么？是否能满足客户的需求？弄清楚了这些，你就能帮客户买到最需要的产品了。但是，客户最需要的往往不是最好的，而是最合适的那件产品。

客户买的不是产品，而是价值

你购买一件产品的理由是什么？这个问题很简单，每个人的答案可能各不相同。不管答案是什么，客户在购买产品的时候看中的是产品能够带来的价值，而不单单是产品本身。

之前我们说过，靠着低廉的价格是可以吸引客户购买产品的，但不管产品多便宜，客户购买的也是其价值。只不过，客户在购买当前用不到的产品时，是将产品发挥价值的时间延后了而已，如同购买反季服装一样，虽然现在穿不上。

有些时候，单单看产品是不能完全体会产品价值的。产品背后所隐藏的东西，才是价值的体现。

一双篮球鞋，对于不同的人来说具有不同的价值。对于一个篮球爱好者、篮球运动员来说，篮球鞋是否有价值体现在穿着是否舒服，能否更好地起到保护作用等方面，与之对应的透气性、弹性、安全性等参数才是最有价值的。对于一个收藏者来说，那些参数和属性都不是重要的内容。收藏者更加关注这款鞋是谁代言的，是什么系列，限量多少双，和哪个品牌做了联名等。

从上述例子中我们可以看出，客户在购买产品的时候，买的不是产品，而是产品背后的价值。一件产品不管有多好，也不可能适合所有的客户。如果我们想让客户满意，那就必须要找到对客户有价值的产品。

有些时候，同一款产品的价值是在不断变化的。物以稀为贵，这里的“贵”指的是价格高，但价格往往也是价值的体现。

一款产品总是会有退出市场的时候，总是会有产量不足的时候，销量好还有可能出现供不应求。那哪一种情况下产品一定会涨价？答案是只有在供不应求的时候。

产品退市价格反而上升的情况并不罕见。很多产品销量不佳，最后退市，并不是因为没有价值，而是因为当时价值并没有被挖掘出来。随着时间的推移，越来越多的人知道了这款产品的价值，虽已经退市，但产品的价格不仅不会下降，反而会快速上升。但并不是所有退市的产品都会这样，很多退市产品能够被人想起来已经很不容易了，更多的情形是直接消失在人们的视线之中，再也没有被提起过。

产品产量不足未必会涨价，因为产量不足不代表这款产品受客户欢迎，有些时候只是因为企业的能力不够。如果因为企业产能不足就认为产品的价值在提高，价格也会随之提高的话，等企业产能足够的时候，产品也就到了有价无市的时候。

这恰恰说明了物以稀为贵的本质，价格昂贵是因为价值提升。如果一款产品毫无价值，不管多么稀少，也不会被人们当成宝物。

物以稀为贵，说到最后还是因为人们要购买的是产品的价值，而不是产品本身。一款世界上独一无二的产品，如果没有实际价值，也很可能不会有人购买。

既然产品与产品价值并不是一回事，那么在产品之外还有哪些价值是用户需要的呢？

1. 产品形象，品牌形象。不同的产品有不同的用户群，不仅企业有一个明确的分类，在客户看来同样是有的。在购买了产品以后，有些客户希望可以借此把自己分类到某人群中。

产品形象背后的品牌形象对于客户来说也是非常重要的，很多客户在购买产品的时候就是因为认准了品牌形象。例如，在网购的时候，对于价格较低的商品，商家会选择一些普通的快递；如果商品价格较高，商家很可能会选用顺丰快递，因为顺丰快递代表着安全、快速、可靠。商家花费更多的钱使用顺丰快递，就是看中了它的价值。

2. 花费成本。客户往往觉得成本较高的产品是具有更高价值的，对于某些产品来说的确是这样。例如，两款功能相同、设计相同、做工相同的产品，哪款产品使用了成本更高的材料，自然就会有更好的表现，拥有更高的使用价值。但有些时候只是因为成本更高，客户就会认为更有价值。

如今机器雕刻工艺已经非常成熟了，同样的图样，机器可以比人工雕得更快、更好，但是人们依然偏爱手工制品。那些标榜手工、原创的产品，不管材料、工艺还是使用价值都没有超过机器制品，但人工成本超过了使用机器生产的成本，所以手工制品的价值在客户心中就超过了机器量产制品的价值。

3. 服务价值。销售服务是在产品自身价值之外的，是客户非常看重的。客户购买一件商品时，如果销售人员能提供完善的配套服务，将会为客户节省大量的时间，减少许多麻烦，这在无形之中为客户创造了效益。因此，你努力服务客户与敷衍客户对于产品价值是有影响的。你努力服务客户，附加在产品上的价值就会更高，客户就会更加愿意购买。

客户购买的是价值，而不是产品。产品本身固然有一定的价值，但是产品之外的价值同样不可忽视。只有清楚地知道产品有哪些价值，还能为产品附加哪些价值，我们才能够更好地为客户推荐产品。

产品能够给客户带来什么价值

我们卖的不是产品，而是产品所能带给客户的价值。那么，应当如何增加产品价值呢？

先看一个等式——客户价值=产品利益-产品价格。

基于这个等式，在产品利益一定的基础上，为了增加客户价值，有人会在产品价格上做文章，他们的策略就是——降价。

其实越是这样，越会让客户觉得产品或服务没有竞争力，缺乏价值上的优势。面对销售方的降价，他们不仅不领情，还会因此踌躇再三。

《礼记·坊记》中有句话："子云：'君子贵人而贱己，先人而后己……'"

销售人员需要具备这种思维方式，先人后己，站在客户的角度，先去考虑能为客户解决的问题和麻烦，能给用户带来的好处和价值，要通过增加产品利益来增加客户价值，而不是一味地通过降低价格。

一名客户来到了一个学习用品柜台前咨询。

销售人员："看您这年龄，孩子应该上小学了吧？"

客户愣了一下："对呀，现在已经五年级了。"

销售人员："太太，小学即将毕业的阶段，是孩子最需要开发智力的时候。您可以看一下这款趣味学习游戏机，这是我们公司新研发出的一款专门针对十岁左右孩子的产品，它一定会对您孩子的智力提高有很大的帮助。"

客户："我们不需要什么游戏机。孩子马上就要小升初了，学习任务很重，哪敢给他买游戏机啊，回避还来不及呢！"

销售人员微笑着说："太太，我想您是误会了。您别担心，这款游戏机并不是传统意义上的游戏机，它是我们公司的研发人员在对大量小学生进行调查的基础上，专门根据孩子的个性、心理特点及学习益智需要而开发的一款游戏型学习机。它事实上是将游戏般地趣味学习和语文、数学、英语等科目的教学结合在一起，绝不是一般的游戏机，更没有那种让孩子上瘾的游戏元素。”

客户还是似懂非懂，说：“游戏与学习结合在一起？”

销售人员：“对。现在是知识爆炸的时代，不再像我们以前那样只是从书本上学知识了。您不要听到‘游戏机’三字就谈虎色变，它的核心目其实是为了帮助孩子更好地学习，培养孩子学习的兴趣，最终让孩子养成爱学习的好习惯。所以，这款游戏型学习机绝不是用来玩乐的。事实上，游戏机设计得好也可以成为孩子学习的重要工具。”

客户：“这种理念倒是值得提倡。”

说着，销售人员取出一台游戏机递给客户，说：“这就是我刚才所说的新型趣味学习游戏机。来，我给您演示一下。”

在接下来的时间里，客户完全被这款创新性产品吸引住了。

销售人员于是趁热打铁：“现在的孩子真是幸福，一生下来就处在一种优越的学习环境中，有条件选择一些优秀的学习辅助设备。而且，目前很多家长为了孩子的全面发展，为了孩子的学习进步，付出了很多精力，投入了很多金钱。刚才有好几位家长都买了这款游戏机，家长们都很高兴能有这样既能激发孩子学习兴趣，又使家长不再为孩子玩游戏而烦恼的产品，还希望我们以后能够推出更多的创新产品呢！”

客户有些心动了，开始询问价钱。

最后，客户购买了一台趣味学习游戏机，心满意足地告别销售人员，离开了柜台。

这个案例中，销售人员从产品功用和价值的角度，成功地对客户进行了理念灌输，促成了交易。

销售人员要从价值创造的角度推销产品，对产品能给客户带来的利益进行罗列。

1. 可以帮助客户节省时间

效率就是生命，时间就是金钱。如果我们有一种产品可以帮客户节省时间，相信客户是会非常喜欢的。

2. 帮助客户赚钱

假如我们能提供一套产品帮助客户赚钱，当客户真正了解后，他就会购买。

3. 给客户带来安全感

客户买消毒碗柜，买的就是安全感。

4. 身份、地位有提升

一个限量版的剃须刀价值2000元人民币，从剃须刀的功用价值角度看，实在不值那么多钱，但还是有客户选择它，是因为它独特、稀少，能提升人们的身份、地位。

5. 健康

人类有害怕病痛的天性，所以当客户相信你的产品能帮他解决此类问题时，他就有了对产品的需求。

6. 方便、舒适

特德·莱维特说："没有商品这样的东西。客户真正购买的不是商品，而是解决问题的办法。"是的，客户购买的不是商品，买的是方便和舒适。

7. 销售环节的价值点

如今，越来越多的客户认为价值更多地体现在产品的销售环节，而不仅仅是产品本身，比如：购买产品的便利度如何？能否进行个性化定制？购买后会得到哪些售后支持？交货期能否缩短？供应商除了提供产品和相关服务之外，还能为客户做些什么？

销售人员在客户购买产品过程中，一方面可以通过制造便利来增加客户价值点，另一方面可以通过消除客户的困扰、痛苦、担忧和风险，来变相提升客户价值。

客户不关心你卖什么，只关心自己要什么

在销售行为当中，客户是最重要的因素，因为客户有决定是否购买产品的权力。当客户选择购买产品的时候，必然是因为客户想要这件产品，而与你销售的产品有多少种，你的产品有多好，你的产品多么物超所值都没有关系。当客户不需要产品的时候，哪怕你的产品是天底下最好的，也毫无意义。

营销之所以有难度，是因为我们的产品未必是客户想要的，而我们作为销售人员，要将产品变成客户想要的。只有客户想要产品，交易才会发生。因此，问题的关键点就变成了如何让客户知道我们的产品就是客户想要的产品。

伟大的保险营销大师戴维·考伯一直将"让顾客知道他需要我们的产品"

作为自己的信条，并且擅长让客户自己发现对产品的需求。他发现这样能够让他成功，就是在他成为保险销售员的当天。

那天晚上，戴维离开公司，走在街上，发现前面有一名中年男子。那名男子满脸疲惫，正将一架梯子搬到一辆卡车上。他穿着破旧而肮脏的工作服，腰上还别着一些工具。戴维觉得他应该是个修理屋顶的工人，就和他攀谈了起来："嗨，今天过得怎么样？"

维修工人惊讶于戴维的热情，但还是友好地回答了他："不怎么样啊，今天是非常辛苦的一天。"

戴维："您的身体不错吧？毕竟修理屋顶这项工作实在是太危险了，没有好的身体可是不敢做的。"

维修工人："谁说不是呢？这项工作真的很危险。我本来不该这样累的，前几天不幸降临在我的搭档身上，他在维修时不慎从屋顶跌落了下来，现在还躺在医院里。我每天都在祈祷这样的事情不要发生在我的身上。"

戴维："如果您从屋顶上跌落下来，会怎样呢？"

维修工人："还能怎样？进医院呗。"

戴维："您就没有想过，您受伤了谁来照顾您吗？是聘请护工还是让您的妻子帮忙？如果您的妻子来照顾您，谁来工作赚钱呢？您和您的妻子都不能工作，住院又会花光您的积蓄……真的太可怕了。"

戴维说的这些都是维修工人不曾想过的，他马上就意识到了这个问题的严重性，情绪逐渐陷入沮丧。他说："我对此毫无办法，只能请求上帝不要让这样悲惨的事情发生在我身上。"

这正是戴维想要看到的局面，他开始引导工人："您知道吗？这也并不是毫无办法。保险公司推出了一项业务，就是为您这样的人服务的。如果在工作当中不幸受伤，您就会得到一笔钱，用来作为医疗费用和误工费。这样，您就不必担心因为一次事故倾家荡产了，您的家庭状况也不会出现问题。”

维修工人：“你说的是真的？哪家保险公司推出了这种服务？”

当戴维拿出他的材料时，对方已经迫不及待了。

只有让客户知道他需要你的产品，他想要你的产品，你才有机会将产品销售给客户。所以，客户根本不关心你卖的究竟是什么。很多销售人员在面对客户的时候走进了一个误区，他们拼命向客户推荐自己的产品，介绍自己的服务，给客户讲企业故事、品牌故事，这些有时对于你不了解的客户毫无意义。只有你确定产品能够为客户解决问题的时候，这些才会成为你的砝码，让客户的心理天平朝着你的方向倾斜。

我们在面对客户的时候，很容易走进销售误区，无法找到客户不购买产品的原因，提出错误的诉求，做出错误的决定。这些决定不仅不会让客户扭转想法，反而会让客户庆幸没有买你的产品。

误区一：客户不买产品，只要降价就好。降价的确是吸引客户购买产品的方式之一，但并不是对所有客户都有效。当客户不肯购买产品的理由是产品对他没有作用的时候，降价只会让客户觉得自己没亏罢了。如果客户当时没有拒绝购买产品，就不会知道你的产品可以用更低的价格销售。也就是说，客户在购买产品的时候会花费更多的金钱。

误区二：客户和销售人员应该互相理解。客户购买产品，是要解决自己的问题。如果产品不能为客户解决问题，那么对于客户来说是毫无意义的，客户花费在产品上的每一分钱都是冤枉钱。客户体谅你、理解你，就会遭受损失，凭什么呢？

“没有功劳也有苦劳”对于销售人员来说是不存在的。不管你为客户介绍产品的时候付出了多少努力，不管你为客户展示样品的时候遭遇了多少麻烦，这些都不是客户购买产品的理由。你判断错误造成的损失，不应该由客户为你承担。所以，客户没有义务理解你，不要因为努力了半天客户也没有购买产品就满腹怨气。这只是因为客户在乎的是自己要的是什么，而不是你卖的是什么。

误区三：客户最后低价购买产品，是占了你的便宜。买卖这件事情本身就是公平的，强买强卖不合理，也不合法。既然你选择将产品销售给客户，那就说明你接受了客户提出的要求，接受了客户定下的价格。客户给的价格基于的是自己是否需要，而不是产品有多好。当客户用很低的价格购买产品时，只能说明这款产品对于客户的用处并不像你想的那样大，不是客户有问题，而是你有问题。简单来说，就是你找错了客户。

你卖什么产品，和客户并没有什么关系。客户不关心你付出了多少努力，不关心你的产品有多好，不关心你的品牌一路走来经历了多少风风雨雨，只关心这件产品是不是他想要的。你面对客户的时候，要先倾听客户的想法，找到客户想要什么，才不会做无用功。

客户需要的不是产品，而是一套解决方案

客户购买产品的动机是什么？之前我们已经说过，客户购买产品的动机是追求快乐或者逃避痛苦，而逃避痛苦的时候远远比追求快乐多。那些追求快乐的客户，是不喜欢碰到麻烦的。如果使用产品不能让他们快乐，反而因为产品在使用过程中出现了问题而遭遇痛苦，那么这件产品对于他们来说就是不合格的。那些逃避痛苦的客户购买产品时已经遇到了麻烦，所以他们购买的不是产品，而是一整套能够解决问题的方案。

总的来说，追求快乐的客户需要一整套解决方案，以免在追求快乐的时候遭遇麻烦；逃避痛苦的客户已经遇到了麻烦，也需要一整套解决方案。

所以，客户在意的并不是产品本身，而是产品能够为客户解决什么问题，是一整套解决方案。

客户需要解决方案，是为了解决生活当中的麻烦，或者避免遇到麻烦。要想为客户提供一套完整的解决方案，首先要让购买产品这件事情变得便利。

很多公司在向客户推荐产品的时候设立了门槛，这些门槛设立的初衷是让销售人员更好地为客户推荐产品，让销售过程更加人性化。但是，烦琐的过程让客户望而却步，反而给客户增添了麻烦，让客户觉得不人性化。我们向客户推荐产品的时候要注意这一点，尽量简化购买流程，让客户在购买产品的时候更加轻松、愉快。客户要购买产品、享受优惠，必须要先成为会员，关注公司的公众号，这样的要求并不会提升用户黏度。如果硬要将这些流程添进销售流程中，只会让客户觉得太麻烦，干脆不买算了。

杰夫·贝佐斯创立的亚马逊能够成功就很好地说明了这一点。亚马逊成立之初销售的主要是书籍和音像制品，当时不管是图书数量还是便利程度，亚马逊都无法与传统书店相比。在互联网和快递业都不发达的年代，客户购买一本书不仅要忍受网上下单的烦琐过程，还要花费不少的时间等待。当时看好杰夫·贝佐斯的人不多，传统图书巨头们也没有将亚马逊视作对手。

一段时间以后，杰夫·贝佐斯带领他的团队开发出了一键下单功能。这让一切都变得不同了，客户下单时只需要轻轻点击鼠标即可，不仅简化了购买流程，还让客户足不出户就能购买图书。亚马逊为客户带来了便利，客户也回报给了亚马逊巨大的利益。

既然是一套解决方案，那么客户在购买产品后，我们就要给出能解决全部问题的产品。如果购买一件产品不能解决问题，那么我们应该提前告诉客户，单单靠这一件产品是没办法解决问题的。如果没告诉客户还需要其他产品的帮助，任由客户满怀希望地带着产品离开，那么没多久你会看到客户满腔怒火地带着产品回来。

客户不问，销售人员就不说，这是问题没能妥善解决的原因。客户并不了解产品，也不知道要如何解决自己的问题。我们将销售人员与客户之间的关系比作医生和患者就能看得更加直观。

患者就诊时，要描述自己出现了什么症状，由医生来诊断究竟得了什么病，然后给出一个解决方案。如果销售人员缺少主动性，不尽心为客户服务，那么就好像医生在接待患者时询问对方哪里不舒服，然后问患者觉得自己得了什么病、应该吃什么药，最后送患者出门一样。

销售人员如果缺少主观能动性，不能为客户提供全面、优质的服务，不能为客户提供整套解决方案，只负责将产品销售出去，那这样的销售人员和自动售货机有什么区别呢？

优质的服务同样是解决方案的组成部分，特别是有些产品如果缺少配套服务，客户就不能方便、快捷地使用产品。这个时候，销售人员提供给客户的产品就不是一套解决方案，而是一堆麻烦。例如，客户购买了一台电视机，即便客户想要付费安装，销售人员也不能提供这样的服务，客户就只能自己去寻找安装人员或者干脆自己动手。客户不是专业人士，可能会溢价聘请安装人员，也可能自己动手安装的时候出现什么意外。

在这种情况下，客户的火气即便不会冲着销售人员发泄，也必然会有“买这个牌子的产品真麻烦”的想法。这个时候，你可能就会永远失去一位客户了。

作为一名销售人员，你要提供周全的服务、全套解决方案。即便公司不能提供，你也要想办法自己提供，只有这样才能保证竞争力，保证让客户满意。

苏宁如今已经遍布全国各城市。在很多小城市，苏宁虽然能够销售多种品牌的产品，却难以提供配套服务，因为众多品牌没有实力在全国各城市都设置服务网点。一些小城市的苏宁销售人员都与本地的商家有非常密切的联系，只要客户购买产品，苏宁的销售人员就会帮助客户联系专业人士提供服务，避免客户在使用产品的时候遇到麻烦。

客户要什么，我们就应该给客户什么。客户购买产品，需要的并不是产品，而是问题解决方案。解决方案当中，不仅包含产品，还应该包含服务。如果产品不能为客户解决问题，那么产品对于客户而言就是没有意义的，客户购买了产品以后只会大呼上当。

90%的购买决定基于10%的产品关键利益点

如今市场竞争越来越激烈，产品同质化日渐严重。当一件产品、一种服务出现在人们视线当中以后，用不了多久就会出现与其相似的产品与服务。这让销售工作变得越来越难，不仅要让客户知道自己需要什么产品，还要让客户知道我们的产品比竞争对手的产品好。

我们要想超越竞争对手，要想让客户购买我们的产品，而不是竞争对手的产品，需要做什么呢？在这里，我们要弄明白一件事情，那就是客户在做出购买一件产品的决定时，往往基于这件产品10%的关键利益点。客户90%的购买决定是基于10%的产品关键利益点做出的，这10%的关键利益点就成了我们的胜负手。那么，究竟什么是利益点呢？

利益点就是本代产品与前代产品相比、与其他同类产品相比拥有的无法取代的优势。

要想利用这10%的关键利益点，首先要找到这10%的关键利益点。如果我们连关键利益点都找不到，就如同商家销售了大量的产品却不知道客户为什么要购买一样，既无法在宣传上取得优势，又无法对产品进行改进。

找到这10%的关键利益点，要从两个群体处着手。这两个群体最了解我们的产品，最知道我们产品的关键利益点在哪里。

我们的老客户有些时候对于产品的了解要远超销售人员。销售人员是卖产品的人，说起专业知识，老客户未必比我们更加精通；说起产品的参数、生产过程，老客户可能也远远不及我们。但是，如果一位客户多年以来始终购买我们的产品，一直使用我们的产品，而没有投向竞争对手的怀抱，那必然是因为他发现了我们产品的关键利益点。这让客户欲罢不能，让客户觉得我们的产品胜过了其他的产品。

老客户的意见是非常重要的，一名合格的销售人员应该定期回访，不仅要知道老客户在使用产品的时候遇到了哪些问题，还要知道老客户一直使用我们产品的原因。

有句俗话说得好，最了解你的往往是你的对手。的确如此，如果你想要击败对手，在竞争当中胜利，那就要全面了解对手，这样才能实现真正的超越。

在我们研究对手的时候，对手同样在了解我们，并且在不断改进自己的产品。因此，我们要留意竞争对手的改进方向，也许竞争对手改进的方向就是我们的关键利益点。

经过不断总结，我们不难找到这10%的关键利益点是什么。那么，之后我们要如何将这10%的关键利益点利用起来呢？

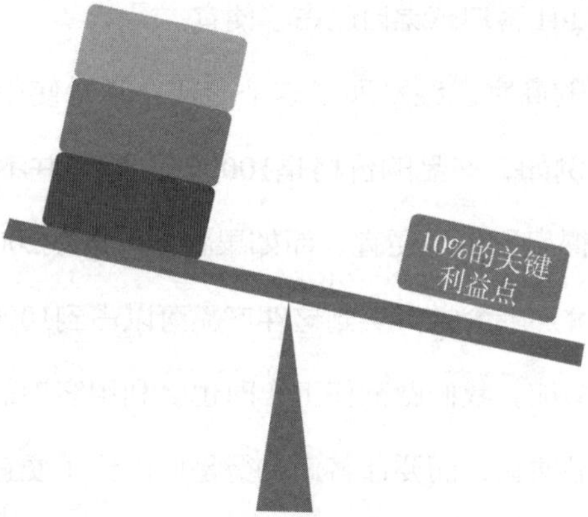

1．利用这10%的关键利益点击败竞争对手。10%的利益关键点看似不大，却可以成为我们的重要筹码。

在其他条件相近的情况下，只要我们手中握有10%的优势，相信90%的客户都会毫不犹豫地选择我们的产品。

2．利用这10%的关键利益点吸引潜在客户。客户没有需求的时候不会想要购买产品，更不会主动了解同类产品。当客户有需求的时候，就会开始多方查询，货比三家。在客户进行比较的时候，这10%的关键利益点就成为产品能否脱颖而出的关键。

虽然不同的客户追求的利益点不同，但是只要我们掌握着优势，哪怕只有10%，只要这10%是无法替代的，是其他竞争对手所没有的，那么我们就胜券在握。

客户要的不是便宜，而是感觉占了便宜

占便宜意味着用更低的价格买到了更好的产品。我们要想让客户更想购

买我们的产品，就要让客户感觉自己占了便宜。

如今越来越多的商家已经发现了这个道理，开始使用让客户觉得自己占便宜的促销方式。例如，产品的价格是1000元，可能并不会激发客户的购买欲，不会让客户觉得自己占了便宜。而如果将标价改成2000元，然后做5折促销的活动，那不少客户就会觉得买到这件产品可以占到1000元的便宜，产品的销量就可能会大大增加。我们做销售工作时也要利用客户的这种心理，不要让客户认为我们的产品便宜，而要让客户觉得是他占到了便宜。

客户想要的“占便宜”，是要在获得的产品与服务价值不变的情况下，得到更多的实惠。只要明白了这一点，销售人员可操作的空间就大多了。

1. 赠品。购买产品送赠品让客户感到占了便宜的方式已经屡见不鲜了。如今很多客户已经明白了这个道理，甚至有些时候还会觉得羊毛出在羊身上，买赠品多的产品可能成本更高。所以，我们在赠送赠品的时候，要巧妙地让客户认为这件赠品是他努力得来的。

某游戏店的销售人员就很擅长利用客户爱占便宜的心理进行营销。当客户咨询产品的时候，他会有意无意地向客户传授一些使用技巧和保养技巧。而谈到这些技巧的时候，销售人员势必会谈到一些配件、小工具之类的东西。这些东西原本就是由客户挑选，进行赠送的。当客户听到产品使用保养技巧需要这些东西的时候，就会表示如果想让自己购买产品，那就要赠送这些赠品。

此时，这名销售人员会故作为难，表示成套赠送是只有购买套餐的客户才能享受的，并且与客户讨价还价。到了最后，他会装作忍痛割爱的样子将赠品拿给客户。每位从他这里得到赠品的客户都觉得这名销售人员实在，甚至有点好欺负。所以，每当需要什么的时候，他们都会优先到他这里选购。

2. 折扣。折扣是很常见的让客户觉得自己占了便宜的促销方式。事实上，客户真的占了便宜吗？答案只有销售人员自己知道。现在折扣活动真的非常频繁，购买产品时只要有足够的耐心，总会等到打折的那一天。

如今，折扣已经变得越来越不吸引人了，主要是两个原因造成的。

第一，折扣并没有什么冲击力。客户面对9折这样的折扣时，根本兴奋不起来，也不会觉得自己占到了便宜。

第二，商家打折的商品往往不是热门商品，越是热门商品越没有折扣。

要想用打折的方式来让客户觉得自己占到了便宜，可以将折扣金额变成产品，这是更有吸引力的做法，而且可以增加销量。例如，一瓶饮料打5折，远远不如买一赠一有诱惑力。烤鸭打9折根本引不起客户的购买欲，无法让客户生出自己占到了便宜的感觉。但如果变成打卡制，客户累计购买10只烤鸭可拿凭证换取一只，本质上也是打了折扣，但是在客户的心中这相当于白白获得了一只烤鸭。

3. 让客户觉得只有他获得了优惠。这是一种常用的技巧，当我们想要给客户优惠又要让客户领情的时候，不妨让这个优惠变成客户的专属优惠。如果有什么是你专门给一个人的，那么这个人一定对你是意义非凡的。给予者会这样觉得，接受者同样也会这样觉得。

当你悄悄地告诉客户“我只给您这个价格，您可别告诉别人啊”，即便客户知道这可能只是你的营销策略，也会不自觉地跟你更加亲近。

4. 优惠周期要控制。产品在优惠期间与原价是有差距的，如果优惠时间较长，客户就会觉得产品价格比较低已经是一种常态了，那么即便客户享受了优惠，占到了便宜，也会无动于衷。要想让客户感觉自己占了便宜，就必须让客户产生心理落差。

某服装店搞了一次折扣活动，原价488元的服装只要388元，购物满800元还能减100元。折扣活动为期两周，结果反响平平，只有一些老客户参加了活动。

一段时间以后，这家店铺又要做活动，优惠力度不变，但是改变了活动周期，改成只有3天。这次活动比上次还要惨淡，老客户都没有多少参加的。但是活动结束以后，询问商品价格的人突然多了起来。

客户："请问一下，这件衣服前几天不是才388元一件吗？而且满800元还能减100元。现在怎么突然这么贵了？"

销售人员："女士，不好意思，前几天我们店在搞活动，那是活动价。现在活动结束，都已经恢复原价了。"

客户："前几天我还想着有时间来买几件呢！恢复原价要多花300多元，感觉亏了好多。"

销售人员："真的很抱歉，我们的活动已经结束了。不过听店长说，过一段时间还要搞一次活动，这件衣服应该还会打折。"

客户："是吗？那我下次一定不会错过，肯定会来。"

这样的客户不在少数。该服装店再次举办活动的时候果然顾客盈门。

活动周期短、优惠力度大，很容易让客户产生一种占便宜的错觉，特别是上一次没有占到便宜，又发现原价与折扣价相差很大。但如果活动集中在一段时间里长期举办，即便活动力度真的很大，也颇有一种清仓甩货的感觉，这会让产品在客户心中的价值急剧降低。

摸清客户心理，给他想要的

满足客户的需求，是销售人员的任务，也是客户购买我们产品的原因。我们与客户之间的关系是供需关系，客户有需求，我们来供应。双方通过协商达成一致，签订合同。如果我们不知道客户在想什么，不知道客户想要什么，那么这一切就从无从说起了。

摸清客户的心理，摸清客户到底想要什么，是一件非常简单的事情。很多销售人员没能做到，不是因为缺少能力，而是因为将注意力集中在了错误的地方。这就导致了我们根本就不知道客户想要什么，就开始了自己的销售流程。你开启了销售流程，客户却还没有开启购物流程，双方根本不在同一进度上，又怎么能够有结果呢？还有些时候，客户并不想购买你的产品，但是只要摸清客户的心理，说不定你会发现你的产品同样能够满足客户的需求。

摸清客户的心理，最简单的方法就是多问。俗话说得好："嘴勤能问出金马驹。"如果你不问，只是活在自己的世界里，按照自己的理解去向客户推荐产品，那么又如何真的知道产品适不适合客户呢？

向客户提问不是什么丢脸的事情，为客户服务，不仔细询问怎么行呢？

某客户晚上前往一家商城购买护肤品，结果她想要购买的那个品牌的销售人员刚好不在。就在客户想要转身离去的时候，另一个护肤品专柜的销售人员跟她搭话了。

销售人员："您好，请问您想要购买哪一款化妆品？"

客户："你是这个品牌的销售人员吗？"

销售人员："我不是，但是如果您需要的是这些柜台上摆放出来的产品，我可以帮您。如果不是的话，我就没办法了。"

客户显然有些失望，说："不是。"

销售人员："那我帮不了您了，虽然柜台里应该有，但是我没办法帮您拿出来，您只能明天再来了。我冒昧地问一句，您是皮肤出了什么问题吗？"

随后，客户向销售人员陈述了一下最近遇到的皮肤问题，这名销售人员很快就从自己负责的品牌当中找到了可以解决客户问题的护肤品。

客户想要什么，不问你永远都不知道。别不好意思，别怕麻烦，多问一句既能解决客户的问题，又能成功销售出产品，何乐而不为呢?

很多时候，我们会碰到向我们提出要求，等我们拿出对应产品却又找出理由拒绝购买的客户。这说明我们的产品满足了客户的一部分需求，但有客户无法接受之处。对于这种客户，要对其要求抽丝剥茧，才能知道客户拒绝购买的原因。

要想得知客户究竟想要什么，必须要遵循几个原则。

原则一：多说不如多问。滔滔不绝地介绍自己的产品，让客户对产品了解得很透彻，但如果这款产品不是客户想要的，那说再多的话也是没有意义的。要想真正摸清客户的心理，必须要多听客户说什么，多问客户细节。只听客户的描述，很难得到一个正确的答案，因为客户对细节是很难描述清楚的。

某客户想要购买一张实木床，在向销售人员描述的时候，只说要一张中式风格的床，要实木色。但是，实木色分为很多种，中式风格更是多种多样。如果销售人员不问，如果销售人员没有搞清楚，等到产品拿到客户眼前的时候，客户很可能是不会满意的。

多问，才能真正知道客户想要什么，才能避免麻烦。

原则二：当客户出于面子做出不理智的选择时，给客户一个台阶下。人人都有自尊心，特别是在购买产品的时候。因为东西太贵而拒绝购买，在不少人的心中是一件很丢人的事情。当客户说不出因为价格问题拒绝购买，又不愿意硬着头皮买下的时候，给客户一个台阶下，客户就会欣然买下产品。

某客户想要购买一台电冰箱，来到某商场以后，和销售人员发生了这样的对话。

销售人员：“先生，您好！看看电冰箱吗？”

客户："是的，我打算买一台好点的电冰箱。"

销售人员："请问您有什么要求吗？"

客户："想要一台大一点的，最好有电脑控温功能，品牌要好一点的，这样质量更有保证。"

销售人员："那您看看这台怎么样，这台多门电冰箱一定能够满足您的需求：风冷、除菌、双频，最新功能一应俱全；电脑控温，只需要轻轻一点，就能够将冰箱调整到您想要的状态。"

客户："这台不错，多少钱？"

销售人员："我们最近在做活动，这台冰箱现在只要10990元。"

客户："总觉得这台好像稍微大了一点，厨房放了这台冰箱会显得太小……"

销售人员："那您看看这台。这台的体积要比刚才那台更适合一般家庭的厨房，功能一应俱全，现在在做活动，只要7999元。"

客户："总觉得，这台好像也不太合适……可能是我要求太高了，我回去和家里人商量一下，明天再来。"

销售人员："先生，您看看这台怎么样。虽然牌子不如刚才那款好，但也曾拿过欧洲销量冠军：多开门，功能齐全，一定能满足您的需求。这台的价格只要4099元。"

客户："嗯，还是这台比较符合我的心意。"

当客户开始寻找各种并不重要的理由拒绝购买产品的时候，我们就应该明白这件产品对客户产生了经济压力，客户不想购买，但又因为面子问题不能直接说。此时，一名聪明的销售人员应该明白客户不是不想购买产品，而是想要价格更低、性价比更高的产品。这个时候，只要给客户一个台阶下，很可能就会促成这笔交易。如果执意按照客户的说法，继续为客户推荐产品，那么最后只能由客户自己找个理由终结对话。

销售人员要想将产品销售给客户，那就必须要知道客户心里在想什么。摸不清楚客户的心理，找不到客户想要的，不管多努力都是在做无用功。

让客户过把瘾

一件产品究竟是好是坏，由谁来认定？是销售的介绍、电视广告、产品参数？其实都不是。能够用来评价一件产品好坏的，只有用户体验。很多产品看上去并不起眼，却大受欢迎，销量经久不衰，就是因为有着极好的用户体验。

苹果公司能够成为目前最成功的手机公司，与看重用户体验是分不开的。苹果公司不仅产品一切以用户体验为准，让智能手机真的智能了起来，还建立了体验店，让客户可以到店亲自体验苹果手机的好处。不少用户怀着怀疑的心态来到苹果体验店，体验之后发现苹果手机的确是非常有价值的，随后便购买了苹果手机。

产品体验是非常重要的，对于有些固执的客户来说，销售人员的千言万语都比不上一次实际体验。为什么让客户亲自体验产品会有如此惊人的效果，会让产品增添很大的魅力呢？

首先，让客户实际体验产品，可以增强产品的冲击力。如今的广告越来越夸张，很多客户开始质疑广告的真实性。销售人员的推荐同样如此，如果没有让客户切实体验，那么有些客户是不会相信的。而且，如果产品有着非常强大的核心优势，让客户亲身体验会大大增加这种核心优势产生的冲击力。

某客户想要购买一个拉杆箱，之前的拉杆箱因为拖拽的时候角度不对，拉杆折断了。这位客户的痛点非常简单，就是想要一个好的拉杆箱，拉杆一定要特别结实。在客户向销售人员提出自己的诉求后，销售人员为客户做了一些推荐。

销售人员："先生，您放心，这款拉杆箱绝对能够满足您的需求。我不敢说它在任何时候都不会出现拉杆弯曲、折断的现象，但是相比于市面上其他的拉杆箱，绝对是非常优秀的。"

客户："那这款拉杆箱的拉杆到底有多结实呢？我之前购买拉杆箱的时候销售人员也是这么对我说的，结果一不小心就折断了。"

销售人员："我们是有具体参数的，承重40千克是没有问题的。"

看客户还是一副犹豫的样子，销售人员又对客户说："如果您不信，我可以亲自踩上去让您看看。我的体重是45千克，超过了40千克。"

说完，销售人员就把拉杆箱的拉杆抽了出来，架在了两把椅子中间，自己站了上去。果然，拉杆支撑住了销售人员的身体，看起来完全没有问题。

客户将信将疑地摸了一下拉杆，又用力压了两下。销售人员见状，问客户："先生，您的体重是多少？"

客户："我的体重啊，差不多60千克吧。"

销售人员："先生，您要不要亲自站上去试试呢？40千克只是保守估计，实际上60千克也是没有问题的。"

客户："能行吗？断了不会要我赔吧？"

销售人员："先生，您放心，不会让您赔偿的。"

客户小心翼翼地站了上去，结果和刚才的情况差不多，拉杆毫无问题。客户再也没有犹豫，立即付款买下了拉杆箱。

其次，让客户体验产品，能够给客户一个想象的空间。一件产品的魅力有多大，只有那些真正用过的人才知道。如果你没有真正使用过产品，只是从别人口中听说过，只是看过广告、看别人使用过，那么你很难感受到这件产品的真正魅力，也不会知道这件产品会给你的生活带来怎样的改变。

例如，当你告诉客户某款电饭锅可以预约煮饭的时间，以后就不用为了煮饭而早起了，客户会怎样回应呢？如果客户在经济方面不是非常宽裕的话，会想自己每天早上早起一会儿，就能够节省一笔开支，购买这款电饭锅完全没有必要。

当客户真正感受到这款电饭锅的魅力时，改变想法的可能性会非常大。毕竟早起是非常痛苦的事情，即便已经养成了习惯。当早上一睁开眼，就知道饭已经煮熟了，一会儿就可以吃饭，这个时候客户才能切实感受到这款产品的好处。当然，电饭锅的这种功能是很难让客户现场体验到的，这就是不少商家推出了试用的原因。

乔·吉拉德在做汽车销售员的时候就非常注重让客户拥有真正的体验。每当客户来看车，他都会鼓励客户到驾驶室中坐一会，感受一下座椅的触感，摸摸方向盘，想象一下开着这辆新车出门是什么感觉。最重要的是，要让客户闻闻新车的味道，这种味道是开旧车永远无法享受到的。乔·吉拉德的做法的确让很多客户对新车欲罢不能，不管是幻想驾驶这辆新车带来的快感还是新车的味道，都能让客户下定决心付款购买。

最后，让客户体验产品是自信的表现。不管产品的广告宣传有多好，销售人员说的有多妙，让客户完全相信是不可能的。如果一件产品不敢让客户体验，不敢向客户展示其最真实的一面，客户会怎么想呢？客户可能会想：这是不是虚假宣传？是不是怕人体验以后就不买了？

只有敢于让客户体验，让客户知道我们的产品是真的有实力的，是经得起考验的，客户才会更有购买的兴趣。

让客户体验产品，是向客户展示产品最好的方法。如果我们的产品足够好，客户体验以后必然不会放弃购买。

第八章

怎样帮客户消除购买心理障碍

世界上没有完全相同的两片叶子，也没有完全一样的两个人。每个人都有自己独特的个性，我们的客户也是如此。在购买产品的时候，客户有着属于自己的各种各样的思绪，这些思绪一不小心就会成为达成交易的绊脚石。帮客户消除购买的心理障碍，是销售人员的使命之一。

拉近双方距离，成为客户的朋友

“防人之心不可无”这种说法是销售人员的大敌，很多客户对销售人员都是怀着防备之心的。试想一下，面对陌生人都尚且要有戒备心理，更何况面对一个要从你口袋里掏钱的人呢？当客户处处提防销售人员的时候，不管销售人员说什么，都会被认为可能有猫腻，或者有陷阱。所以，销售人员要想将产品销售出去，第一步就是要消除客户的戒备心理，跟客户站在同一战线上，成为客户的朋友。

成为客户的朋友，让自己与客户的关系向前一步，最简单的方法就是赞美客户。有句话说得好，赞美是拉近人与人距离的桥梁。当我们的目的是拉近与客户之间关系的时候，赞美就成了我们的桥梁。

赞美可不是随随便便就有效的，有些时候不仅没有效果，还会起到反作用。见到男孩就叫帅哥，见到女孩就叫美女，这一招早就行不通了，不仅不会拉近与对方的距离，反而会被对方认为你是个油腔滑调、轻浮的人。一旦被贴上油腔滑调、轻浮的标签，你的可信度就会降低，想要拉近与客户的关系就很困难了。

最好的赞美是由衷的赞美，是能够说到点子上的赞美。但是，这需要大量的时间来了解客户，并不是我们第一次见到客户就能够做到的。所以，我们在赞美客户的时候，不妨从一些与众不同又不会“踩雷”的角度去赞美客户。

例如，当一位女士穿着一双特别漂亮的鞋子时，我们可以询问一下这双鞋子是从哪里买的；一位身高较高的男士在我们面前的时候，我们可以称赞其身高；一对夫妻带着孩子走进我们店里，称赞孩子可爱就显得太不走心了，但是称赞孩子的打扮就会显得父母很有品位，眼光出众。

在表现上接近客户是与客户拉近关系的另一个窍门，没有人喜欢和自己一模一样的人，但是本能上会更加愿意接近和自己有共同点的人。有研究表明，俗称的夫妻相，一部分原因是两人长期处在相同的环境下，但还有一些夫妻是因为彼此的样貌有相似之处才走到一起的，不是因为成为夫妻才有夫妻相，而是因为有夫妻相才成为夫妻。

我们要想成为客户的朋友，在表现上接近客户是一种选择。每个客户都有自己的个性、习惯、行为模式。有些客户说话慢条斯理，有些客户说话做事风风火火。有些客户喜欢三思而后行，有些客户喜欢先行动起来，边做边想。这些不同的行为模式是能够让客户视我们为朋友的敲门砖。

我们初见客户的时候，要先按兵不动，观察客户，等我们逐渐掌握了客户的行为模式，分析出了客户的个性，再开始按照这种行为模式说话、做事。这会让客户从本能上产生一种亲切感，快速拉近我们与客户之间的距离。

要注意的是，没人会喜欢和自己一模一样的人，被人模仿更是一种令人感觉非常怪异的事情。我们要接近客户，而不是模仿客户，特别是客户的行为模式与我们平时的行为模式相悖时。客户是个沉着稳重的人，而我们是热情大方的人，如果模仿客户难免会东施效颦，露出马脚。我们要尽量保持自己的样子，但又要尽量与客户实现同步，让客户在潜意识里亲近我们，而不是表现得跟客户一样，让客户产生反感。

世界上有许许多多的群体，其中有相当一部分群体并不是由利益联结起来的，而是他们共同的兴趣、爱好，是情感和认知上的共鸣。如果我们能够制造与客户的共鸣，那么成为客户的朋友就容易得多。

其实我们制造与客户共鸣的机会有很多。我们在拜访客户的时候，往往是要先寒暄一番才进入主题的。寒暄就是我们制造共鸣的切入点。客户不同，我们要选择的话题也不相同。只有找对了话题，共鸣才能实现。如果找错了话题，客户听得一头雾水，就白白浪费了一次机会。

我们挑选话题的方式有两种：一种是提前做好准备，另一种是广撒网。针对不同的客户，我们要使用不同的方式。

提前做好准备，说明这个客户是我们早就准备好要拜访的，在拜访客户之前就要对客户的兴趣爱好、年龄、职业、家庭状况有一个大致了解。这些都可以是我们的切入点，都是可以引起客户共鸣的点。抛出话题等待客户说出自己的观点，随后与客户站在同一边，就能够与客户产生共鸣。

广撒网寻找话题并不是我们的最佳方案，但有些时候不得不这样做，不是每次见客户时都有充足的准备时间。在这种情况下，我们只能根据客户的年龄、性别等情况来撒网式地寻找话题，力求能制造与客户的共鸣。

寻找话题的时候，最重要的是客户是否关心这个话题。那么，寻找那些很多人关心的话题就是最稳妥的方式。如果对方是一位青壮年男士，那就与对方聊运动。足球、篮球的观众数量非常庞大，很容易命中话题。如果客户年龄较小的话，不妨和对方聊聊当下最火热的游戏。若客户也是一位玩家，那么共鸣就容易制造得多。如果对方是老年人，就与对方聊聊养生、喝茶、下棋，这些都是非常好的选择。如果对方是女客户，就谈谈当下热播的影视剧，聊聊美容、化妆等问题。

广撒网的方式很容易找到与客户的共鸣点，但是也很容易踩雷。以下几个问题一定要注意，否则可能会激怒客户。

1. 切记不可立场鲜明。世界上的很多事情都是分立场的。足球有那么多球队，一支球队又有那么多的球员，在你确定客户喜欢谁、支持谁之前，万万不能立场鲜明地表示自己是哪一支球队的球迷。如果你支持的球队恰好是客户不喜欢的，那么很不幸，你不仅没有跟客户站在一边，成为客户的朋友，反而站到了客户的对立面。有些客户会不以为意，有些客户却非常看重这件事情。

跟女性客户讨论当下热播的剧集同样有风险。比如，哪一部剧更好看，演员中谁的演技更好，支持哪一对情侣都可能成为发生争执的点。

在客户表达立场之前，千万不要明确表达自己的立场。如果站错了队伍，继续聊这个话题就会变得很尴尬。

2. 切记不要不懂装懂。与客户产生共鸣，自然是因为双方都是爱好者。如果不懂装懂，发表一些错误的、荒谬的甚至是离奇的言论，只会招致客户的厌恶。不管是哪个群体，都特别讨厌有人不懂装懂，因为真正热爱一件事情，必然会日积月累地进行了解。不懂装懂说明你具有强烈的目的性，想要与客户套近乎。这个时候不仅不会拉近与客户的距离，还会加强客户的戒备心理。

3. 切记不要交浅言深。我们与客户拉近距离，不是要求一步就成为客户的至交好友。消除客户的戒备心理是我们的目的。如果太过心急，与客户讨论一些只有关系较近的人才会讨论的话题，只能让客户觉得尴尬、怪异，或者让客户觉得你是个不成熟、不可靠的人。

例如，情感问题就是个巨大的禁区。初次与客户见面时尽量不要分享自己的情感经历。家庭关系也是禁区之一。每个家庭都有自己的相处模式，不管客户怎么想，客户的家人总比我们更加亲密，所以我们不能对客户的家庭关系加以评判，否则只会让客户觉得自己被冒犯了。

与客户拉近距离，成为客户的朋友，能够有效地让客户卸下心防，获得客户的信任，也许还能通过这一次的成功交易与客户建立长期而稳定的关系。但是，这是把双刃剑，成功了固然可喜可贺，一旦失败，我们就要承受被客户厌恶的后果。要想成为客户的朋友，在选择方法时一定要三思而后行。

客户的异议=疑问+负面情绪

我们向客户介绍产品时的场景是怎样的？每名销售人员应该都经历过这样的场面。我们为客户讲解产品的功能、产品的优势、产品的使用方法，客户往往会静静倾听，然后提出自己的疑问，与销售人员进行交流，解决问题，最后决定是否购买。这是一个正常的流程。

世界上的任何事情都会出现意外，我们向客户推荐产品这件事情也不例外。有些时候，销售人员会遇到一些客户，他们会直接打断销售人员的话，提出自己的异议。这个时候，麻烦就来了。

客户提出了异议，那就说明我们与客户之间有一方是错的。如果错的一方是我们，那我们的专业性就会被客户质疑；如果是客户错了，那客户在面子上就不会太好看。这是一个不好处理的状况，是销售人员最需要规避的。

我们要想规避这种尴尬，就要知道为什么会出现这种情况。客户为什么要提出异议呢？从根本上来说，客户只有觉得你说得不对时，才会提出异议。那么，我们作为专业人士，真的错了吗？我们错误的概率要远远小于客户错误的概率，出现这种情况，最终往往是以证明客户错了而收场。客户提出异议，自然不会提前知道自己错了。问题就出在这里，我们没有错，那必然是我们的讲解出了问题，让客户产生了疑问。

产生疑问很正常，每个人的表达能力和理解能力都不同，再好的教师也无法让每个学生一次就听懂所有的内容。解决疑问最好的方式就是提问，让销售人员再次讲解。而客户提出异议的时候，就说明客户已经放弃了提问这种解决问题的方式，选择了比较具有攻击性、更加激烈的方式。那又说明了一个问题，就是客户此时存在负面情绪。负面情绪可能是因我们而起，也可能是因为其他的原因。

综上所述，我们不难得出结论，客户提出异议，是因为客户在有负面情绪的情况下产生了疑问。要想避免客户提出异议，必须从以下两方面着手。

疑问，是一个相对好控制的点。只要我们足够专业，只要我们足够有耐心，就很容易将问题讲清楚。真正的难点不是我们是否将产品介绍清楚了，而是客户是否听明白了。我们讲得再清楚，客户没有听明白，疑问仍然会存在。

要想让客户没有疑问，最简单的方式就是提问。每讲完一个重点，不妨问问客户是否明白了。当然，问的方式非常重要。“你听懂了吗”这样的话是会引起客户反感的，不仅是因为这句话的语气更像是质问，还因为这句话在问出口的时候就将客户产生疑问的原因确定为客户没有听明白。如果经常使用“你听懂了吗”这句话，即便客户没有产生疑问，也会产生负面情绪，这是非常糟糕的。

如果我们想知道客户是否听懂了我们的话，又不想引起客户的反感，那么不妨将提问落在我们身上。使用“我讲的够清楚吗”来替换“你听懂了吗”，虽然表达的意思是一样的，但是产生的效果截然不同。客户会感受到你的亲切与体贴，这样可以有效避免负面情绪的滋生。

如果客户已经产生了负面情绪，并提出了异议，我们要怎么做呢？证明你是对的，客户是错的，这是最糟糕的解决方案。这种情况下，你虽然解决了客户的疑问，但很可能会直接引爆客户的负面情绪，不仅不会消除矛盾，反而会激化矛盾。因此，在客户提出异议的时候，真正需要解决的不是客户的疑问，而是客户的负面情绪。

消除客户的负面情绪，是一件非常困难的事情。有些时候我们甚至连客户的负面情绪是否因我们而起都无法确定。要想消除客户的负面情绪，我们只能多花些力气，多下点功夫。

要想消除客户的负面情绪，我们首先要知道客户的负面情绪是什么。人的负面情绪有很多种，如悲伤、愤怒、沮丧、焦虑、痛苦、紧张……如果不知道客户的负面情绪从何而来，就无法对症下药。

我们要想知道客户的负面情绪是什么，客户的负面情绪从何而来，要让客户自己告诉我们。客户提出了异议，就要让客户把事情说个通透，说个明白。这个过程既能让我们了解客户，又能让客户从心理层面获得发泄，一石二鸟。

其次，要理解客户的情绪，反思自己的过失。客户有负面情绪，我们就要消除客户的负面情绪。不理解客户的负面情绪，不站在客户的角度去思考问题，又如何能够消除客户的负面情绪呢？即便我们与客户的立场不同，看问题的角度不同，但要让客户知道，我们是愿意站在他的角度上思考问题的。

例如，当客户因为产品的价格与你争论得面红耳赤的时候，不妨先认可他的说法，再另辟蹊径，阐述你想要说的话，例如："我能理解您的感受，我们的产品是要比其他品牌稍贵一些。但是，我们的产品不管是从使用寿命还是功能上都要优于竞争对手。您想想，如果您在使用产品的时候提心吊胆，总是担心它什么时候会坏，那使用起来还有什么享受可言呢？我们的产品虽然价格上稍贵，却能保证您的使用体验。"

最后，你的态度是解决问题的关键。与客户争论没有任何意义，就如同情侣之间吵架一样，真正重要的往往不是谁对谁错，而是你的态度。如果你迟到了，客户因此大发雷霆，即便你有非常充分的理由、非常值得谅解的说法，在客户面前同样是毫无意义的。你需要做的并不是告诉客户今天堵车堵了多久，你们公司几点开会……这些对于客户来说并不重要，重要的是你的态度。你是否向客户道歉了，是真的充满歉意还是只是礼貌性地敷衍一下。

客户有疑问，有负面情绪，最终会形成客户对你的异议。有些时候并不是你错了，有些时候问题并不在你身上。我们要想让客户满意，不管是谁的错，都要觉得是我们的错。但是，我们也要有底线。我们为客户服务，但也要为企业服务。我们要让客户感到满意，却不能以牺牲企业的利益为代价。

所以，我们可以向客户道歉，向客户认错，但不能做亏本买卖。有些客户会以自己的负面情绪做筹码，给销售人员压力，逼迫销售人员让步。面对这种客户，我们一定要有冷静的头脑，知道什么方面能够让步，什么方面不能让步。

你知道客户的话外音吗

销售行为的目的是什么？当然是促成交易。促成交易最重要的方法就是与客户进行有效的沟通。如果不能做到有效沟通，听不明白客户在说什么，就无法给客户提供满意的产品。但是，客户在面对销售人员的时候未必能够将自己的想法表达得非常清楚，也未必愿意将自己的想法完全告诉销售人员。在这种情况下，我们获得的信息是有缺失的，是不完整的，要想达成有效沟通，就要尽量多搜集信息。所以，我们要知道客户的话外音是什么，再加上客户愿意告诉我们的信息，拼凑出客户想表达的完整内容。

客户做任何事情都有其目的，话外音同样如此。我们要想知道客户的话外音，就要先弄明白客户为什么需要讲话外音。

客户需要讲话外音，说明有些话不能直接对销售人员说。话外音中包含了客户真正的意思，那么客户有可能是想要让身边的人知道某些情况而不让销售人员知道，可能是想让销售人员知道某些情况而不让身边的人知道，又或者干脆就是对销售人员说的，只不过这些话不好直接说出口而已。搞清楚客户话外音的对象，我们就成功了一半。

如何分辨客户的话外音是说给谁听的呢？要按照结果来看。例如，当客户告诉销售人员“我没什么目标，只是随便看看”，这句话的话外音就是说给销售人员听的。因为当这句话说出口以后，销售人员就会暂停向客户推荐产品，暂停向客户介绍现在的优惠活动。客户的话外音就是“销售人员能不能先不要说话”。

而当客户与朋友共同前来，对销售人员说：“我上次来的时候，咱们谈的那个优惠还有没有了？”这句话就是说给朋友听的：我之前已经帮你谈好了价格，人家是给了优惠的。而如果客户对朋友说的是“你上次买的那个是多少钱来着”，客户就是在告诉销售人员：你给的价钱贵了，我见过更便宜的。

说话的目的决定了这句话是对谁说的，只要销售人员能够心领神会，听出客户的话外音，那么就能更快地获得客户的信任，为客户提供更加合适的产品。

那么，客户的话外音到底要怎样领会呢？

客户的抱怨往往都是话里有话。没有人的一生是一帆风顺的，每个人都会有想抱怨的时候。你想要抱怨时会找谁呢？是找你的朋友，还是一个陌生的销售人员？答案显而易见。因此，当客户向你抱怨的时候，多数情况下是带着话外音的。

某客户在商场挑选电风扇，和销售人员发生了如下对话。

客户：“这电风扇挺便宜的嘛。”

销售人员：“是的，先生。眼看夏季就要来了，为了避免顾客在炎炎夏日到来之时还没有一款合适的电风扇，我们提前做了活动。”

客户：“好用吗？”

销售人员：“您可以亲自体验一下。这款风扇风力适中，有多档位调节，声音也不大，是这次活动当中销量最高的产品。”

客户：“那行，我买了，回家就能用上。你是不知道啊，我这两天火大得很，特别需要电风扇吹吹。”

销售人员：“先生是有什么不愉快的事吗？”

客户：“可不是嘛！我前两天去买微波炉，到商场就买了一台。我这人买东西痛快，不怎么挑剔，结果当时也没仔细看。拿回家我老婆就发现有问题，这微波炉明显有用过的痕迹。当时我就急了，二手的东西当新的卖给我，这不是欺负人嘛。我当时就拿着微波炉去找那名销售人员了，狠狠地投诉了她。当时那名销售人员被她们经理说得直哭，又给我换了台新的，我这怒火才下去点儿。”

销售人员：“先生，您放心，我保证给您的风扇是全新的，不会有任何使用痕迹。我们这里退货的商品都是直接返回给商家，不会再进行销售的。”

这个例子里，销售人员就听懂了客户的话外音。客户讲了一个故事，就是在委婉地提醒销售人员：不要将别人退换的货物拿给我，否则我就投诉你。当然，这种话是不能直接对销售人员说的，毕竟这名销售人员还没有过错，直接威胁就有些过分了。

当客户的态度出现较大反差的时候，就该倾听客户的话外音了。人的情绪会展现自身态度，也可以在谈话当中加强语气。语言由情绪进行配合，更容易让人相信。但是，人的情绪转换是有过程、有理由的。没来由地出现180°大转弯，就说明此时的情绪并不是真的情绪，而是为了配合语言。

我们在与客户交流的时候，如果客户的态度骤变，情绪与刚才截然相反，那么此时客户说的话肯定是带有话外音的。

某服装店销售人员接待了一位女客户，这位客户似乎对某件衣服非常感兴趣，从材质到款式，都和销售人员进行了全面交流，试穿的时候感觉也不错。就在销售人员认为客户要买下这件衣服的时候，客户突然变了脸：“这衣服有点显胖啊。你看看这接口，这么明显，做工也不太好……”接下来，客户又给这件衣服挑了好几处毛病，就好像刚才很有兴趣的不是她一样。

此时，销售人员心领神会，对客户说："这衣服的确有点问题，给您打个九折怎么样？"

客户："给我包起来。"

客户的话外音就是"便宜点我就买了"，如果客户真的不想要这件衣服，大可以找个理由扭头就走。客户一直为这件衣服找毛病，只是想要个折扣而已，所有的不满情绪都不是真的，都是为了辅助那些挑毛病的话。

客户的话外音往往与客户的期望、需求有关。客户的需求有时候比较好说出口，有时候则不太好说出口，需要使用一些手段迫使销售人员接受他的意见。不同性格的客户会有不同的做法，使用话外音就是其中的一种。当我们觉得客户话里有话的时候，就证明客户是有需求、有购买欲的。只要你能听懂客户的话外音，距离成交就又近了一步。

销售人员必须要会回答的六个问题

为客户答疑解惑，是销售人员的职责。只有将职责履行好了，你才是名称职的销售人员，客户才会乐意购买你的产品。有六个问题是每名销售人员都应该能够回答的，是销售人员销售产品的保证，是客户一定会直接或者间接提问的问题。其实，回答这六个问题非常简单，回答好却不是一件容易的事情。这六个问题回答得好坏，决定了客户对你能有多了解，也决定了客户是否会购买你的产品。我们也可以用这六个问题来考查一下自己，当自己站在客户的角度上时，是否会对这六个问题的答案满意。

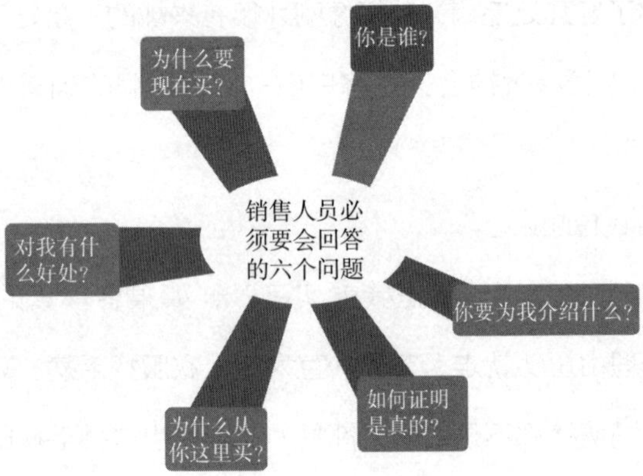

1. 你是谁？

我们是谁？我们是销售人员，我们是某个公司、某个产品的销售人员。这个问题即便客户没有说出口，销售人员也一定要说清楚。那这样回答就算可以了吗？当然不是。我们应该在回答当中添加更多的内容，让客户对我们有更多的了解，如“我是某个产品的销售人员，我拥有丰富的知识，我能为客户提供专业服务。我诚实、可靠、懂得感恩，并且渴望与客户保持长期的合作关系”。

或许“你是谁”这个问题客户始终没有说出口，但在与客户交流的时候这个问题我们必须要回答。我们要回答好这个问题，就要向客户展示自我，让客户知道我们是谁。

2. 你要为我介绍什么？

作为销售人员，我们自然是要为客户介绍产品的。为什么要这样问呢？很简单，你介绍的真的只是产品吗？作为一名销售人员，如果想让客户满意，让客户全面地了解产品，我们需要介绍的东西实在太多了：我们公司的品牌是怎样的？有着怎样的实力？我们的产品具有哪些功能？有哪些核心卖点是老客户离不开的？我们的服务是否周到？是否能让客户只需要付款就能够享受到产品带来的便利，不需要担心会产生任何麻烦？

这些事情都是我们要向客户介绍的，都是我们要让客户知道的。仅仅介绍产品，是远远不够的。

3. 你介绍的产品和服务对我有什么好处？

产品再好，对于客户来说也未必有意义。真正对客户有意义的产品，必然是能满足客户需求的，能解决客户问题的产品。在我们介绍完产品以后，谈话的重心就应该发生转移，从围绕产品本身，变成围绕客户。我们只有知道客户需要什么，客户有什么需要解决的问题，才能对症下药，为客户推荐最合适的产品，为客户带来真正的好处，让产品有用武之地。

4. 如何证明你的介绍是真实的？

取信于客户现在已经变得越来越难了，这不是客户的错，也不是销售人员的错。总是有些不法商家，利用虚假宣传诱导客户购买实际效果并不好的产品。在信息爆炸时代，客户总是能够听到这样的新闻，这会使客户产生防备心理。

这个问题的答案有两个方面，第一个方面是我们要真正让客户感受到真实，如采用样品、试用、现场展示、其他客户现身说法等方式。这些方式真实、直观，能够在第一时间打消客户的疑虑，让客户知道我们的介绍是真实的。

第二个方面是销售人员本人。无数的销售专家都说过，推销产品的过程也是推销我们自己的过程。如果客户觉得你是个值得信任的人，那么就不会质疑你的介绍。因此，我们先要让客户信任我们。

5. 我为什么要从你这里买？

这个问题往往直指销售工作的关键。即便客户有需求，但市面上有大量的同类产品可以选择，能够提供解决方案的商家有很多，也不是只有你一家，客户为什么要从你这里买呢？

销售人员如果能够完美地回答这个问题，将会极大地增加客户购买产品的可能性。我们的产品优势在哪里？有哪些东西是其他竞争对手无法替代的？这就是我们所说的关键利益点。90%的成交就是因为这10%的关键利益点。我们要将产品的关键利益点告诉客户，让客户知道我们的产品无可替代，我们的服务无微不至，我们是最好的选择。

6. 为什么我要现在买?

客户有了购买产品的理由，不代表客户马上购买产品，特别是那些以追求快乐为购买动机的客户，购买产品并不是非常急迫的事情。销售人员要想回答好这个问题，必须让客户产生紧迫感。

最近价格优惠，产品所剩无几，或者大胆预言客户说不定什么时候就能用上，这都是让客户产生紧迫感的方法。但最根本的方法还是让客户知道，在他需要的时候使用我们的产品能够逃避痛苦，在客户不是很需要的时候使用我们的产品能得到享受，越是早买产品，也就能越早享受生活。早晚都要买，为什么不让自己早享受几天呢?

这六个问题是客户想要知道答案的问题，也是我们将产品销售出去前必须说清楚的。甚至，我们可以将这六个问题当成让自己熟知销售产品流程的大纲，只要能回答这六个问题，就解决了销售当中一半的麻烦。

如何减少客户对风险的担忧

风险无处不在，我们在生活当中每时每刻都有可能遇见风险。当我们向客户推荐产品的时候，也有风险存在，即便是最了解产品的人，也无法保证每件产品品质良好。我们是推荐产品的人，客户是购买产品的人，客户比我们更加担忧风险。

客户有担忧，在购买产品的时候就会犹豫，甚至会打消购买产品的想法。我们要想让客户对产品放心，想让客户在使用产品的时候舒心，就要减少客户对风险的担忧。

客户在什么情况下会担心有风险？知道了客户对产品风险担忧的原因，我们就能够更好地控制客户的心态，消除客户对风险的顾虑。

客户有担忧，最普遍的情况是因为从来没购买过这种产品，对产品缺少了解。人们担忧的事情有很多，对问题越不了解，担忧的就越多。杞人忧天的故事每个人都听说过，天会掉下来吗？如今已经不会有人担心天掉下来的事情了。因为人们知道，头顶的这片天空并不是实体的、能砸到人们头上的东西。

所以，当客户因为从来没有购买过此类产品而产生顾虑的时候，我们要为客户讲解产品为什么不会出现客户担忧的问题，以消除客户的担忧。

例如，客户看中了一款复古打火机，在购买的时候忧心忡忡，担心砂轮会损坏。销售人员只要为客户讲解清楚，告诉客户一个砂轮可以使用十万次，就可以打消客户的顾虑。

如果说客户在不了解产品的情况下只会有一些小小的担忧，那么客户之前购买产品产生的不愉快经历会让客户产生深深的忧虑。一朝被蛇咬，十年怕井绳。人们对于不愉快经历的记忆要更加深刻。如果客户在购买同类产品时吃过亏，之后在购买产品的时候必然会更加谨慎。即便知道产品不会发生此前的问题了，客户也会犹豫，也会产生顾忌。要想让这样的客户痛快地买下产品，有两个条件要达成。

第一，要想让客户知道我们的产品并不会为他带来类似的痛苦经历，没什么比现场演示的效果更好了。客户担心产品在使用的时候有问题，那么不妨现场让客户使用一下。客户觉得我们的产品质量不够好，那就让客户看看我们的产品是否像客户担忧的那样容易损坏。

事实胜于雄辩，当试用结果摆在客户眼前的时候，再深的忧虑也会一扫而空。

第二，销售人员的保证能够让客户知道，如果产品出现问题也是有解决方案的。很多客户之前购买产品遭遇的不愉快都是复合式的，不仅包括产品的质量问题，还包括服务方面的问题。试想一下，如果客户购买的产品出现问题，销售人员能够妥善地为客户解决，客户也就不会在下一次购买产品时忧心忡忡了。

客户担忧的，就是我们要解决的。我们完全可以在客户担忧的时候向客户做出承诺，告诉客户我们的产品不会出现之前的问题，即便真的出现问题了，找销售人员解决，绝对不会让客户吃亏。

这种口头承诺不用花费任何成本，事情发生之前只需要用语言讲解，让客户安心，事情发生以后只需要走正常的“三包”流程。没有成本又能够让客户安心，再划算不过了。

硬性资质也能够有效消除客户的担忧。很多打着“私房”“精致”“创意”名号的店铺，所销售的都是没有售后保障的产品，店铺本身也缺少资质。这样的店铺在开始的时候可能备受追捧，但时间长了问题就会显露出来。

我们要想让客户放心，要想消除客户的忧虑，就要向客户证明我们是专业的，我们的产品是经过国家质量检测的，是合格的产品。这样就能消除客户一些的忧虑。

除了证明产品是正规的，还要证明你自己也是“正规”的。你说你是某公司的销售人员，你的证据呢？如果你没有证据，客户又如何知道你不是个骗子呢？所以，在见客户的时候，要想消除客户的忧虑，要带好相关证件。

最能打动客户的四个语言技巧

在与客户沟通交流的时候，销售人员最重要的工具是语言。话说得好听，事半功倍；不会说话，事倍功半。但是，销售人员不是演说家，不会有那么多机会可以滔滔不绝地为客户介绍产品，也不能事先准备好稿子，因为你永远都不会知道客户会给你出什么难题。

销售人员在与客户交流的时候，除了做产品、服务等既定项目的介绍外，还有很多内容需要随机应变、自由发挥。这时，我们就需要应用一些语言技巧。这些语言技巧能够让客户喜欢我们，能够让客户信任我们，能够打动我们的客户。恰当地使用这些技巧，能够让你在面对客户的时候无往不利。

技巧一，给客户讲故事。当你为客户讲解产品的时候，当你告知客户产品使用方法的时候，当你提示客户注意事项的时候，没有什么比给客户讲故事更加合适了。讲故事有着平铺直叙所没有的优势，那就是趣味性。

人人都爱听故事。在过去，人们通过口口相传来获得故事，如今人们通过互联网、读书、电视、电影等获得故事。这些故事或是真实的，或是非常夸张的，或令人捧腹大笑，或让人悲从中来。不管是什么故事，总是有其受众的。

一件事情直接告诉客户，客户未必能够记住，但如果你用故事的形式来告诉客户你想要表达的事情，客户一定会记得更牢。

如果你的故事说得好，那么客户还会愿意把你的故事说给他的家人、同事、朋友听。如果客户在讲故事的时候加上了你们产品的名字，那么就相当于帮你免费做了宣传。

技巧二，幽默的语言能够拉近你与客户的距离。人有时是一种非常主观的生物，你可以莫名喜欢一个人，也可以莫名讨厌一个人。很多时候，这种情绪甚至不受自己控制。那么，如何让人从本能上喜欢你呢？幽默是一块敲门砖，能够让你轻松卸下客户的防备，让客户对你产生最基本的信任。

幽默起到的作用堪称强大，但不是任何时候都适用。因为，绝大多数时候幽默的背后都有一个“受害者”。在传统相声当中，有句话叫作“理不歪，笑不来”，表述的就是这个道理。所以，我们在使用幽默这个有力工具的时候，要注意以下几点。

我们可以自嘲，但不能嘲弄客户。开玩笑要分对象，这里的对象不仅仅是指和谁开玩笑，更重要的是你开的玩笑里涉及的人是谁。自嘲是一种最好的方法，因为在自嘲当中唯一可能会受到伤害的是我们自己。这样，就不会冒犯任何人。面对客户，我们就不能贸然开玩笑。你并不知道客户的具体情况，有时候客户身上隐藏着一些不愿意告诉别人的事情。如果你不慎开了客户的玩笑，戳中了客户的痛点，产生了“对着和尚骂秃驴”的误会，那么客户就可能会当场翻脸。

幽默要有底线，某些事情、人物是不能拿来调侃的，特别是某一类弱势群体或一些比较社会性、灾难性的事件。或许有些人并不认为这有什么问题，因为事情已经发生了，事实就摆在那里，是否进行调侃并不会对事情有什么影响。但有些人就觉得这样的调侃是对那些弱势群体、对那些在灾难当中遭遇不幸的人的一种冒犯，是一种不尊重他人的行为。不管你面对是哪一种人，切记不要与客户开此类玩笑。否则，你在客户心中很有可能会成为一个缺少道德底线的人。

如今非常火爆的综艺节目《吐槽大会》是引进版权类节目，在美国已经是个长寿节目了。美国版的《吐槽大会》比国内的更没底线，更肆无忌惮，但是有一个话题很少有人敢触碰，那就是9·11事件。对于美国人来说，9·11事件带来的伤痛至今无法抹平，那些敢于拿9·11事件调侃的，只有9·11事件受害者本人。只有他们，才不会因为调侃9·11事件而受到谴责。

技巧三，要用能让客户听懂的语言来描述你的产品、你的服务。每个人生活的环境不同，爱好不同，受教育程度不同，对于语言的理解能力和方向是完全不同的。可能你觉得非常常见的名词、比喻方式或者网络流行语，对于客户来说是完全陌生的。一旦你使用这些难以理解的语言来向客户介绍产品，那么这场交易十有八九要失败。

人都是有虚荣心的，当你的语言无法被客户理解的时候，客户可能会询问你说的是什么意思。但如果这种情况反复出现，那么客户的虚荣心就不会允许自己一再在你面前表现出一无所知的样子。客户会假装听懂了你在说什么，会自己猜测你想要表达什么，但这总是会有偏差的。一旦出现偏差，你和客户之间的交流就不在同一频道上了。

技巧四，描述越形象，客户越喜欢你的产品。我们所销售的产品，并不是所有的都能马上展现出价值来。有些产品的价值需要长时间使用、长时间体验，甚至要配合一定的环境、场景，才能真正让客户感受到其独特之处。我们不可能让客户体验到长期使用产品的感觉，也就难以将产品最重要的价值展现给客户。

人类是有想象力的。如果我们能够将产品的特点及客户未来使用产品的情景描述得非常形象，那么客户就会用丰富的想象力感受到产品真正的魅力。

说话技巧是销售人员最重要的工具，甚至可以说是攻破客户心防的武器。我们要妥善使用说话技巧，让客户真正体会到产品的魅力，增加成交率。

声音诠释了客户的真实内心

都说眼睛是心灵的窗户，从眼神当中可以看出一个人的个性、想法、情绪。其实，眼神能够透露的内容并不多，而且要想真正分辨出眼神透露的信息，需要非常强大的注意力和观察力。我们做销售工作时，是要观察客户，但鲜少有时间能让我们观察到细致入微的程度。所以，了解客户内心的真实想法，只依据眼神并不现实。

声音同样能够传递人的情绪，甚至有些时候会暴露人们心中的真实想法。我们在与客户交流的时候，总是需要认真倾听客户在说什么。既然要注意客户说什么，不妨连客户的声音一起注意，从客户的声音当中探寻客户真实的想法。

我们可以简单地将客户的声音变化分成几种，用来辨别客户内心想法的变化。当这些变化出现的时候，销售人员要马上注意，情况有变。

有两种情况会让客户在说话的时候声音突然变大。一种是客户突然充满了信心。这种情况很常见，客户可能因为销售人员说的某句话消除了对产品的疑虑，突然对产品充满了信心。总之，客户充满自信是一件好事，没有自信怎么能痛快地购买产品呢？

另一种是客户在强调某件事时虚张声势。当客户想要结束话题的时候，想要压低价格的时候，想要编造一个他根本不存在的合作伙伴的时候，都会加大说话的音量。这样能够让客户觉得自己说出来的话更加可信，更有说服力。

客户的声音突然变小，说明客户正在整理思路，正在思考。在我们与客户交流的过程中，客户声音越来越小的情况也是有的。说话的声音越来越小，这个时候客户一定没有将心思全部放在现在的话题上。我们说得再多，讲得再快，也是毫无意义的，不如停下来，整理一下自己的思路，想想等客户思考完以后会对我们说什么。适当给客户一点整理思路的时间，有利于接下来的沟通，一直讲话扰乱客户的思考，只能无谓地延长对话时间，让沟通的效率变低。

一旦客户的声音变得轻柔，就说明客户希望能够用轻声细语来与你拉近关系。既然客户想要拉近关系，说明距离成交不远了。

客户的语速加快，接下来说的话很有可能是在撒谎。人在撒谎的时候语速是会变快的，这主要是因为谎言是需要编造的，是需要设定好的，不能一边说一边想。正是因为这是事先设定好的内容，所以会比说真话更加流畅。所以，当客户的语速突然加快，并且非常流畅的时候，就说明客户这个时候正在撒谎。

即便客户撒谎，我们也不能当场戳穿，只能用事实来驳斥客户的观点，告诉客户他的说法是不合情理的。执意戳穿客户的谎言，双方撕破脸，只会断送这次成交的机会，甚至失去这个客户。

除此之外，客户在紧张、兴奋的时候也会加快语速，这两种情况更好分辨。在紧张和兴奋的时候，除了语速变快，还伴有其他的身体反应，例如脸色变红，手脚乱动，说话结巴等。

客户语速突然变慢，说明客户想让你好好听他接下来要说的话。将语速变慢是一种常用的演讲技巧，也是人们对于要说的内容非常重视的表现。毕竟对于重要的内容，总要将语速放慢别人才听得清楚，听得明白。而自己在说话的过程中，更是要一边说，一边想，一边做总结，力求将这段内容表述完美，不出任何纰漏。所以，当客户开始放慢自己的语速时，我们就要认真起来，仔细倾听，甚至可以适当做一些笔记。

语言是有力量的，人们在交流的过程中总是会不断调整自己的声音大小、语速、语调，以便达到表达自己情感的目的。还有些时候，声音大小、语速、语调是真情流露的表现。至于如何判断是哪种情况，只能靠长时间的经验积累，得出最合理的结论。

第九章

帮客户买不是损人利己，而是双赢

有人觉得销售人员只会从客户的口袋里掏钱，毕竟只有客户花了钱，销售人员才有业绩。事实并非如此。销售人员为客户提供合适的产品、优质的服务，帮客户节省时间、减少麻烦，而客户帮销售人员获得更好的业绩，拥有更好的生活，其中有谁受到伤害了吗？并没有。帮客户买，从来都不是损人利己，而是一种双赢。

让客户变用户，让“头回客”变成“回头客”

都说做生意是一回生，二回熟，这就让“生意”这个词变得有些奇怪。人们在商业行为中，都喜欢追求稳定——稳定的销量、稳定的客户、稳定的价格，稳定能够让商业活动变得简单，能够节省大量的时间和精力。我们做销售工作时，同样要追求稳定发展，新客户是我们发展的根本，而回头客是我们稳定的基础。

如何拥有越来越多的回头客，不做“一锤子买卖”，成为很多销售人员研究的课题。新客户不断增加固然令人欣喜，但没有回头客，或者老客户不断流失，也是让人头疼的问题。我们要让新客户成为老客户，让“头回客”变成“回头客”。

让客户变成回头客，归根结底是要让客户对你产生强烈的依赖感，让客户觉得跟其他销售人员打交道始终不如和你打交道舒服，让客户觉得很难有其他销售人员能够替代你。

让客户产生依赖感，成为回头客，就要为客户提供最好、最全面的服务。虽然每名销售人员都说要为客户提供最好的服务，但是什么样的服务是最好的呢？怎样才算是最全面呢？每个人的理解都不同。要想为客户提供最好的服务，就必须为客户提供最好、最合适的产品，为客户提供产品这项服务才是将销售人员与客户连接在一起的纽带。

提供全面的服务，是客户成为回头客最常见的原因。所谓的全面，并不是指在销售职责之内的全面，有些时候要把客户当成朋友看待，要让客户知道，尽管事情超出了我们的职责范围，但是只要我们有能力，还是愿意帮忙的。一旦客户开始依赖销售人员提供的服务，那销售人员与客户之间的关系也会逐渐向着朋友方向转化。

某服装店的服装款式和街上其他的服装店相比，并没有明显的优势，价格也不是非常便宜，回头客却很多。究其原因，就是他们的销售人员能够为客户提供最全面、最优质的服务。一位女士在他们的服装店买了一条牛仔裤，家里的孩子调皮，将牛仔裤的扣子剪掉弄丢了，这位女士找了不少牛仔裤的扣子，发现跟这条裤子搭配起来并不美观，只好向服装店的销售人员求助。

销售人员也很为难，虽然有些牌子的牛仔裤会有配套的扣子送给客户，但是这位女士选择的品牌并没有，销售人员也没办法为这位女士找到多余的，只好告诉这位女士，自己会帮忙留意一下。

半个月以后，这位女士几乎已经忘记自己还有一条被剪掉扣子的牛仔裤了，她突然接到一个电话，是服装店的销售人员打来的。在电话里，销售人员通知女士，她们服装店进了一批新裤子，有一条裤子上的扣子和女士被剪掉的特别像，于是就厚着脸皮跟经销商多要了几颗，她什么时候有时间，可以来拿一下。那位女士下班以后就赶到了服装店，不仅拿到了自己想要的扣子，还多买了一条新进的牛仔裤。从此以后，这位女士只要想购置衣物，这家店铺一定是她的第一选择。不为别的，就冲着这家店铺的销售人员为客户提供的全面服务。

要想让客户成为你的回头客，对客户的态度是至关重要的。人与人在来往的时候会因为下次是否再见面而展现出完全不同的态度。例如，当你觉得你和某人很难再有相见的机会时，相处的时候就会随意很多，就会不拘小节，也不会刻意拉近彼此之间的关系。

很多销售人员在面对客户的时候也有这样的想法，认为反正也不是常客，没必要注意那么多，满足客户的基本要求就好。殊不知，这种想法是本末倒置的。当你用热情的态度面对客户时，客户才会愿意成为你的回头客。而不是在客户成为你的回头客以后，你才要热情地对待客户。

要想让“头回客”成为“回头客”，就必须要将“头回客”当成“回头客”对待。不管是第一次来的客户，还是老客户，我们都要尽心尽力地服务到位。客户购买我们产品的同时也购买了我们的服务。如果想从客户身上获得更多，建立更加长久而稳定的关系，那就要先付出更多。

成交只是买卖的开始

成交意味着什么？意味着我们之前的努力得到了回报，意味着客户与我们达成了共识，意味着我们已经取得了阶段性胜利。

但是，成交并不意味着与我们合作的这位客户不再需要我们的关照了，也不意味着我们销售出去的产品和我们从此再无瓜葛了。因为，成交是一个阶段的结束，也是另一个阶段的开始。

新的阶段是什么？它仍然与上一次成交的客户息息相关，仍然与上一次销售出去的产品密不可分。但是，在新的阶段里我们会拥有新的收获。

要想让老客户给我们新的收获，需要我们自身不断地努力。如果我们将成交看成一次彻底的终结，那么就不会有新的收获，也不会留住老客户。只有我们认识到成交只是买卖的开始，才能有一次又一次的收获。

为什么说成交只是买卖的开始呢？因为我们要想获得更多，要想将一次成交的收益最大化，就必须将自己的产品负责到底。有些销售人员在成交以后就不再管产品，当客户向他求助的时候，直接将客户推给售后人员，认为这是售后人员的责任，不是他的。

的确，这是售后人员的责任，但是销售人员同样有责任。销售人员才是那个与客户有接触的人，销售人员要比售后人员更明白客户的状况、产品的使用环境，以及客户容易遭遇哪些问题。这些事情如果销售人员不负责，由售后人员和客户直接对接，既增加了售后人员的工作量，也给客户添了不少的麻烦。

如果销售人员愿意帮客户联系售后人员，愿意从中沟通，不仅能节省公司的资源，还能给客户留下一个可靠的印象。既然你又热心，又可靠，以后客户想要购买产品的时候，肯定还会第一个想到你。

产品是我们要负责到底的，客户同样不能忽视。即便是已经达成交易的客户，也有可能需要我们的服务。有些客户脸皮比较薄，觉得成交以后如果不是因为产品出现质量问题，就不该麻烦销售人员。对于这种客户，我们与其建立长期关系并不是一件容易的事情。我们一定要主动，要把已经达成交易的客户当成还没有达成交易一样对待。

定期对产品的使用状况做回访，逢年过节时的问候，这些都是必不可少的。而且，在回访的时候如果客户对产品有疑问，销售人员要尽力解决，不要觉得已经达成交易了，客户就没有价值了。

一位已经成交的客户，有些时候比尚未成交的客户还有价值。对于一位尚未成交的客户，我们只能大概预测这一次是否能够成交。而对于一位已经成交的客户，如果能有第二次成交，就很有可能会有第三次、第四次成交的机会，甚至可以发展成为我们长期、固定的客户。

成交客户的价值还体现在可以增加我们的潜在客户。之前我们已经提到过著名的250定律，即每个客户身边都有250位潜在客户。能否得到这250位潜在客户，自然要看你与这位客户之间的关系。如果你能与客户保持稳定的联系，保持良好的关系，产品也能够让客户满意，那自然就完成了潜在客户的转化。如果你觉得成交以后客户没有价值了，不需要花太多力气去维护了，那么这250位潜在客户就不会与你有什么联系。

如今已经不再是酒香不怕巷子深的年代了，人们每天都要接收大量的信息，这些信息不仅庞杂，而且真假难辨。我们能够相信的事情越来越少，需要怀疑的事情越来越多。如果说有什么还是值得我们相信的，毫无疑问是我们身边的亲友。

当你的客户开始向他的亲友介绍你的产品的时候，当你的客户向他的亲友介绍你本人的时候，当你的客户将他有需求的朋友带到你面前的时候，你就会发现成交远远不是一场买卖的结束。

所以，我们要牢记，一次成交往往能够带给我们下一次成交，甚至是许许多多次的成交。当然，前提是我们要认真对待客户，认真服务客户，而不是在一次成交以后就认为与客户的关系已经结束了，与产品的联系已经切断了。

让客户的满意度最大化

要想与客户达成双赢，要想跟客户建立长期稳定的关系，让客户的满意度最大化是一种非常有效的方式。试想一下，如果客户使用别的产品，与别的销售人员接触，最终都无法感受到你能提供的满意度，那么客户最终会觉得你是最好的，最后会成为你的忠实客户。

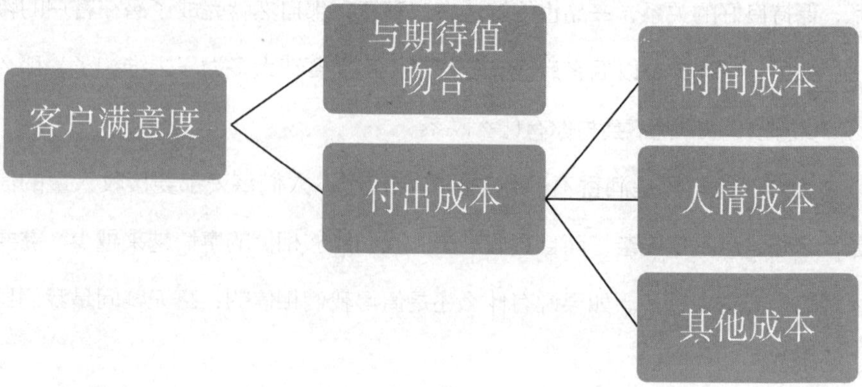

要想让客户的满意度最大化，那么就要先知道满意度是什么。影响客户满意度的一个因素，是客户对产品的期待值。

很多销售人员喜欢拉高客户的期待值，吊客户的胃口，以便让客户见到产品的时候会迫不及待地付款、成交。实际上，过度拉高客户的期待值是会起到反效果的。人的期待值是没有限度的，当客户十分期待你的产品时，拿到产品的瞬间可能感受到的是欣喜。当客户的期待值被无限拔高的时候，客户拿到产品的时候，可能会因为期待值与现实的差距而觉得有些失望。

例如，你约一位朋友吃饭，一直描述接下来你们要去的餐厅有多好。在你的朋友刚刚产生兴致不久，你们来到了餐厅，那这个时候你的朋友很可能会对这家餐厅非常满意。如果你约你的朋友吃饭，约的时间是七天以后，在这七天里，你一直给朋友灌输这家餐厅“天上有，地上无”，菜品堪比龙肝凤髓，那么，等七天以后你和朋友来到餐厅的时候，你的朋友一定会觉得这家餐厅也不过如此。

我们要拉高客户的期待值，但又要将客户的期待值控制在一定范围内。我们可以吊客户的胃口，但却不能太过分。只有拿捏好尺度，才能让客户的满意度最大化。

影响客户满意度的另一个要素是客户在这场交易当中付出的成本。这里的成本并不单单指客户付出的金钱。除了金钱之外，时间也是成本，人情也是成本，事情的烦心程度同样是成本。将这些成本综合起来，客户付出得越多，满意度就越低。

显而易见，我们要想让客户满意，就必须要降低客户的成本。客户的金钱成本与产品价格直接挂钩，越来越低不符合销售人员的利益，所以我们要从其他地方着手。

时间成本是非常昂贵的，鲁迅曾经说过："时间就是生命，无端地空耗别人的时间，其实是无异于谋财害命的。"每个人都珍视自己的时间。当客户的时间被浪费的时候，当客户觉得购买产品所花费的时间超过了想象时，满意度就会开始下降。

要想降低客户的时间成本，那就尽量不要让客户等。等待所花费的时间完全是无端的浪费。作为一名专业销售人员，我们事先应该将所有的事情准备好，只要客户开口，就能为客户提供。如果是比较复杂的情况，我们短时间内无法满足客户的需求，那么不妨让客户留下联系方式，等我们准备妥当再联系客户。怕客户一去不回，使用各种话术留住客户，让客户苦苦等待的销售人员是不合格的，即便客户因为时间成本购买了产品，也不会有下一次购买。

人情成本并不昂贵，有不少新客户是由老客户带来的，新客户要求老客户为其推荐合适的产品，那么我们必须要在新客户面前给足老客户面子。这个人情成本不仅是新客户求老客户时要付出的，更是我们要付出的。所以，当老客户带来新客户的时候，我们一定要给新客户一些优惠、赠品等，保证老客户是有面子的。而老客户呢？赠品同样不能少。只有满足了新老客户双方付出的人情成本，新客户才会变成老客户，老客户才会为我们带来更多的新客户。

其他的成本主要涉及购买过程中一些烦琐的事情。这些事情虽然不大，却是销售人员需要注意的。在生活当中就有很多这样的事情，虽然事情不大，但是累积起来一件件地去完成，是非常消耗心力的事情。我们要让客户的购物过程变得舒心，而不要让客户在回想起这次购物经历的时候说出“心累”两个字。一旦客户觉得“心累”，等到客户下一次再想购物时就会想要换名销售人员，甚至换个产品试试。

所以，我们要尽量简化销售流程，让客户在回想起购物经历的时候只有舒心，这样客户才会成为我们的回头客。

满足客户的额外要求，有利于提高客户的满意度，但并不是每个额外要求我们都是能够满足的，甚至绝大多数时候，客户额外提出的要求是会对我们造成损失的。特别是客户提出的要求并不是真的需求的时候，只是想要看到销售人员让步，感觉自己在这场交锋中占据了优势，取得了胜利。当我们察觉客户有这种倾向时，直接让步反而不会让客户满意。太容易胜利会让客户缺少满足感，只有真正经历过交锋的胜利才能让客户满意。

俄罗斯有一位知名漫画家，他年轻的时候穷困潦倒，过着缺衣少食的日子。为了保证自己能活下去，他不得不在杂志上发表漫画。杂志社的编辑对这个穷小子很有成见，为了证明自己更高明，总是找出一些问题来刁难漫画家。每次漫画家都要拿回自己的漫画进行修改才能让编辑满意。

漫画家很快就找到了解决问题的办法，他在每一张漫画的下面都画了一只显眼又丑陋的小狗。这只对漫画内容毫无用处的小狗毫无疑问能在第一时间吸引编辑的注意力，自然编辑会向漫画家提出要求——删除这只小狗。漫画家据理力争，甚至有些时候还会和编辑发生争吵，才会将这只小狗删除。但是，每次漫画家删除小狗以后编辑就不会再要求他做多余的修改了。

顾名思义，满意度是客户满意的程度。不管我们使用怎样的技巧，都要围绕客户，让客户满意。客户越满意，忠诚度就会越高。满意度最大化，是我们赢得更多忠实客户的最好办法。

客户付款有压力怎么办

付款，是购买产品的最后一个环节。当客户看好了产品，谈好了服务内容，到了付款的时候突然开始犹豫，那就说明付款让客户产生了压力。

付款压力有经济状况的原因，但不是所有的付款压力都和经济状况有关系，客户的自尊心、客户的知识面、客户的心理状况都会带来付款压力。经济状况带来的付款压力我们很难化解，因为我们是销售人员，为客户找一份高收入的工作并不是我们的职责。但其他让客户产生付款压力的问题，我们应该为客户一一化解，帮助客户下定决心，顺利付款。

在客户有付款压力的时候，我们首先要做的是顾及客户的自尊心。当客户有了付款压力的时候，第一时间在意的不是能否买下产品，而是销售人员的眼光。毕竟之前我们已经和客户把一切问题都谈好了，客户会觉得一旦自己不买下商品，销售人员会因此受损失，销售人员所做的努力也就变成了无用功。

销售人员所做的努力真就没有用了吗？显然不是。我们为客户留下了深刻的印象，让客户知道了我们的产品很好，让客户在交流的过程中认可了我们。即便这一次客户因为付款压力打了退堂鼓，当客户解决了付款压力，打算购买产品的时候，我们仍然会是客户的第一选择。即便客户长时间内都没能消除自己的付款压力，说不定他也会和身边的朋友说："那天我看中了一件产品，真的不错，就是有点贵。"如果客户的朋友没有付款压力，说不定就会购买我们的产品。

当客户有付款压力的时候，化整为零能够极大地帮客户缓解、减轻付款压力。如果我们能够将产品的优点拆开来告诉客户，算一算客户每得到产品的一项功能、一项优势所需要花费的金额，那么这笔钱就显得一点都不多了。

例如，客户想要购买一辆汽车，当客户知道这辆汽车的价格时，心里打了退堂鼓，认为一辆便宜的汽车更加合适。此时，销售人员就可以将这辆汽车的优势拆散开来告诉客户。

客户："这辆也太贵了，算下来将近30万。你看那一辆，看起来也差不多，才要18万，这辆贵得没道理。"

销售人员："先生，虽然这一辆的价格超过了另一辆12万，但绝对是物有所值的。您对比一下这两辆汽车的内部空间，这辆30万的车显然能够为您和您的家人带来更多的便利。想象一下，当您和您的家人一起出游的时候，一路上是在宽敞的车厢里期待着目的地好，还是在狭窄的车厢里盼着快一点到达目的地好呢？如果全家出行，开那辆小车，应该连路上的风景都无心欣赏吧？我觉得这个优点值1万元，您觉得呢？"

客户："的确，汽车的主要用途就是出行。如果因为狭窄而导致旅途不舒服，那就太不划算了。多出来的空间，值1万元。"

销售人员："这辆汽车拥有操作便利的智能系统，如果您需要什么功能，不必像另一辆那样去找实体按键，只要在屏幕上轻轻点一下即可。这个功能可以大大简化您操作花费的时间和精力，能让行车更加安全。这个功能算2万元，您看值吗？"

客户："开车的时候最怕分心，调音乐、开空调这些事情要是麻烦，牵扯注意力的话，的确容易发生事故。安全是无价的，2万元我觉得值。"

销售人员："这辆车的品牌可谓家喻户晓，当您会见客户的时候，这一辆车想必更能彰显您的身份。当您参加同学聚会或者其他活动的时候，这辆车也比另一辆更能彰显您的身份。请问，您觉得这值1万元吗？"

销售人员："这辆车的知名度远高于另一辆，一旦车辆出现故障，在任何地方您都能找到维修点，配件也特别容易找到，这为您带来的便利您觉得值

1万元吗……”

这样的拆分大大减轻了客户的付款压力，促使客户下定购买的决心。

客户的付款压力来自各方各面，作为销售人员，我们要尽力消除客户的付款压力。客户因为经济状况不好产生了付款压力时，我们能够做到的是为客户留面子，让客户记着我们的好，切不可觉得浪费了我们的时间，对客户冷嘲热讽。当客户因为其他的原因产生付款压力的时候，我们要让客户知道，购买我们的产品是值得的，客户花的每一分钱都不是白花的。只有这样，客户才会减轻付款压力。

怎样让客户给你打广告

产品是需要做广告的，对于企业来说，销售产品是唯一的目的。那么销售人员呢？同样需要打广告，我们不仅要将产品销售出去，还要得到老客户的认可，让新客户慕名而来。但是，销售人员并不能像产品一样通过媒体打广告，我们更需要客户帮我们宣传——不仅宣传产品，还要宣传销售人员。

日常阅读来源分布

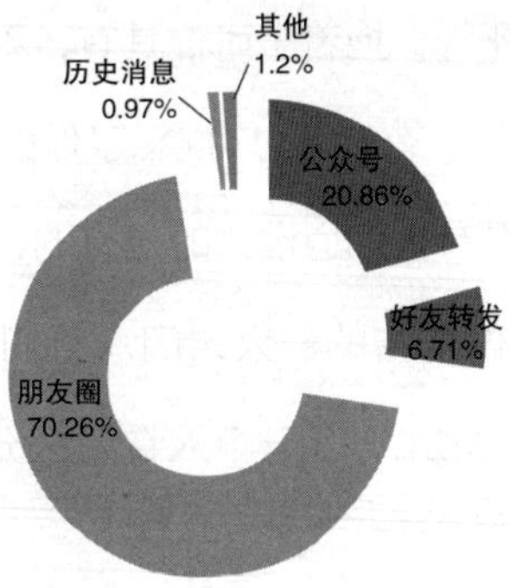

客户为销售人员打广告，前提是对产品和销售人员本人都满意。在这个前提之下，让客户打广告就容易得多。

要想让客户帮你打广告，那就要给客户一个适当的理由。

你的产品或者你本人，如果值得客户推荐，想必很快就会出现在客户的朋友圈里。以这种形式让客户帮你打广告，往往是有时效性的——当场拍照，当场就发，属于短效广告。

给客户留下令人难以忘怀的印象也是让客户为你打广告的窍门之一。平淡无奇的事情很容易被忘记，那些令人印象深刻的事情都拥有自己的独特之处。要想让客户在未来的生活中想起你，那首先要让客户记得你。

我们要让客户记住我们，给客户留下好印象，那就要有人格魅力。发型、穿着、举止、言谈都是非常重要的。特别是语言，一定要有特点。这样客户才会记得住你。

说话的方式很重要，说话的内容就更重要了。空洞的语言是很难给人留下深刻印象的，一个好的故事却能让人牢记。要想让客户有更深的印象，为客户讲故事是非常好的选择。即便是与产品无关的故事，为了加强客户对我们的印象，也不妨准备一些。

妥善处理售后问题，能帮你扫清障碍。客户为你打广告，是因为你的产品好，是因为你的服务到位。一旦你有糟糕的地方，客户同样也会广而告之。人们对于销售人员的负面评价，抱着宁可信其有，不可信其无的心态。之前有10个客户为你做了正面宣传，有1个客户抱怨了你的产品和服务，人们就可能会倾向于放弃购买产品。没有人知道谁说的是真的，风险总是越小越好。

送礼，是让客户帮你做广告的一大窍门。我们将礼物送到客户手上，将我们想要宣传的东西放在礼物上，多一个人看见这份礼物，就相当于客户帮我们做了一次广告。

某小本经营的补习班一直苦于缺少宣传渠道，招生工作难以开展。特别是招生的地点分布在不同的学校，招生的时间又都是学校放学的时候，人手根本不够。一天，补习班的负责人发现前来补课的学生不少都用手拿着书，询问之后才得知，这些学生就住在附近，补习用的东西不多，背书包麻烦，于是就用手拿来了。

负责人一想，学生觉得背书包麻烦，用手拿着书也不方便，不如量身定做一批购物袋发给学生，在购物袋两边印上学校的宣传语和联系方式，还能起到宣传的作用，岂不是一举两得？购物袋发放没多久，就有不少家长打来电话询问报名的事情。

让客户帮我们打广告，是以互惠互利为前提的。当我们为客户提供了最合适的产品，提供了最好的服务，客户自然会想将我们推荐给亲朋好友。我们可以用种种手段让客户帮我们宣传，但让客户发自内心地帮我们打广告还是要靠产品和服务。无论什么时候，帮客户挑选最好的产品，为客户提供最好的服务才是销售人员安身立命的基础。